孩子，把你的手给我1

【美】海姆·G.吉诺特 著

罗蝶儿 译

开明出版社

图书在版编目（CIP）数据

孩子，把你的手给我 . 1 /（美）海姆·G. 吉诺特著；罗蝶儿译 . —北京：开明出版社，2024.4

ISBN 978-7-5131-8611-7

Ⅰ．①孩… Ⅱ．①海… ②罗… Ⅲ．①儿童教育—家庭教育 Ⅳ．① G4 ② G782

中国国家版本馆 CIP 数据核字（2023）第 230398 号

责任编辑：卓　玥　张慧明

书　　名：孩子，把你的手给我 1
　　　　　HAIZI，BANIDESHOUGEIWO 1
出版人：陈滨滨
著　者：（美）海姆·G.吉诺特
译　者：罗蝶儿
出版社：开明出版社（北京市海淀区西三环北路25号青政大厦6层）
印　刷：保定市中画美凯印刷有限公司
开　本：880mm×1230mm　1/32
印　张：7
字　数：112千字
版　次：2024年4月第1版
印　次：2024年4月第1次印刷
定　价：45.00元

印刷、装订质量问题，出版社负责调换。联系电话：(010) 88817647

— 致谢 —

感谢为本人通读手稿并提出建议和批评的各位朋友、同事：拉尔夫·德雷格博士，苏·佐哈尔·德谢，比亚·利文斯顿，亚瑟·奥格尔博士，帕特丽夏和霍华德·珀尔，以及安吉拉·波德卡梅尼和罗莎琳德·维纳。特别感谢贝蒂·考夫曼的帮助和鼓励，以及斯坦利·斯皮格尔博士对我起笔的帮助。最后，感谢与我分享个人感受和经历的各位父母，向你们致以最高的谢意。

海姆·G.吉诺特

前 言

没有哪个父母一早醒来就琢磨着要叫自己的孩子过得苦不堪言,也没有哪个母亲会这样想:"今天一整天我都要对着孩子大吼大叫、唠唠叨叨,叫他丢脸。"恰恰相反,每天早晨,许多母亲都下定决心:"今天会是平静的一天,我不会大吼大叫,不会动口,也绝不动手。"然而,尽管出发点是好的,讨厌的家庭战争还是会再次爆发。回过头来,我们发现自己又说了一堆违心话,那种语气连自己听了都感到不快。

天下的父母都希望孩子平安、快乐。没有哪个父母会故意让孩子变得缩手缩脚、自私自利或令人讨厌。然而,在成长的过程中,许多孩子养成了一些不良的品质,他们缺乏安全感,既不尊重自己,也不尊重他人。我们希望孩子有礼貌,但他们却举止粗鲁;我们希望孩子整洁干净,但他们却邋里邋遢;我们希望孩子充满自信,但他们却缺乏信心;我们希望孩子快乐开心,但他们却郁郁寡欢。

本书旨在帮助父母明确与孩子有关的目标，并提出一些实现这些目标的方法建议。父母在面临具体的问题时，需要的是具体的解决方案；那些老掉牙的建议，比如"给孩子更多的爱""给他们更多的关注"或者"给他们更多的时间"是毫无帮助的。

过去十五年里，作者一直在以个人或团体的形式与父母和孩子打交道，为他们提供指导和心理治疗。这本书就是以往经验的结晶。作为一本实用指南，本书既为所有面临日常状况和心理问题的父母提供了具体的建议和首选解决方案，还给出了一些基本的准则，以指导父母在跟孩子相处时尊重彼此。

目 录

第一章 与孩子对话 / 001

　　与孩子对话是一门独特的艺术，有其自身的规则和含义。孩子在交谈时很少是一无所知的，他们话里行间往往自带密码，需要我们去破译。

第二章 表扬与批评的新方式 / 025

　　表扬就像青霉素，不可随意使用。使用强效药有一定的规则——包括时间和剂量，必须小心谨慎，以免引起过敏反应。使用情感药物也需要遵循类似的规则，其中最重要的一条就是：只表扬孩子的努力和成就，而不称赞他的品格和个性。

第三章 避免适得其反的相处模式 / 043

　　有些亲子相处模式常常适得其反，不仅无法实现我们的长期目标，还会制造家庭混乱。这些模式包括恐吓、诱哄、许诺、挖苦孩子、对撒谎和偷窃的孩子进行说教，以及用粗鲁的方式教育孩子讲礼貌。

第四章 责任感与独立性 / 059

　　培养责任感不能靠强迫，只能由内而外，由家庭和社区的价值观提供养分和指引。消极的价值观可能会培养出反社会的、破坏性的责任感。

第五章 纪律：宽容与约束 / 085

　　有些父母担心失去孩子的爱，他们不敢拒绝孩子的任何要求，甚至放弃对家庭的掌控权。孩子觉察到父母对爱的渴望，就会毫不留情地对其加以利用。就这样，孩子成了暴君，统治着父母这对焦虑的仆人。

第六章 孩子生命中的一天 / 105

　　如果孩子要成为社会人，有些限制就是不可避免的。然而，父母不应该过度发挥文明警察的作用，以免招致本可避免的怨恨和敌意。

第七章 妒忌 / 119

　　孩子们喜欢听别人讲述，或者自己去阅读有关妒忌和报复的案例。这个主题吸引着他们，并且动机也能引起共鸣。然而有趣的是，他们有时并不会对受害者感到同情。

第八章　孩子感到焦虑的一些原因 / 133

　　父母会有意无意地唤醒孩子心中的内疚感。内疚就像盐，是使生活丰富多彩的有用调味剂，但是它永远不能成为主菜。

第九章　性教育 / 147

　　许多父母认为，性教育不过就是谈话。就是在孩子步入青春期前的"某天"，把他们叫到一旁来讲授"性知识"。如果是男孩，就警告他小心性病；如果是女孩，就叮嘱她当心怀孕。但性教育其实在此之前就开始了。

第十章　性别角色与社会职责 / 169

　　要实现各自不同的生理命运，男孩和女孩都需要一定的帮助。父母能做的，就是不要给男女双方设定相同的行为标准。

第十一章　需要专业帮助的孩子 / 179

　　有些孩子好得不真实。他们听话、守规矩、讲卫生。他们担心母亲的身体、关心父亲的生意，还会主动照顾年幼的妹妹。他们生来仿佛就是为了取悦父母，几乎没有精力与同龄孩子玩耍。这种类型的孩子常常处于慢性疲劳状态之中。

第十二章　需要专业帮助的父母 / 197

　　有些人当了父母后，就发现自己难以为孩子提供持久、稳定的关系。虽然他们可能会暂时享受养育婴儿的乐趣，把婴儿当成玩具玩耍，但他们无法承担起作为父母的重任。

后记 / 209

第一章

与孩子对话

孩子的问题需要我们去破译

与孩子对话是一门独特的艺术，有其自身的规则和含义。孩子在交谈时很少是一无所知的，他们话里行间往往自带密码，需要我们去破译。

十岁的安迪问爸爸："哈林区[①]有多少被遗弃的孩子？"

安迪的父亲是一位化学家和知识分子，他很高兴看到儿子对社会问题产生兴趣。因此，他为这个问题做了一个长篇演讲，并查找了相关数据。然而，安迪仍不满意，继续询问："纽约有多少孩子被遗弃？美国呢？欧洲呢？全世界呢？"

最后，安迪的爸爸终于明白了，儿子关心的并不是社会问题，而是个人问题。他问这些问题并不是出于对被遗弃孩子的同情，而是害怕自己会被遗弃。他想要的并不是那些被遗弃孩子的数据，而是确认自己不会被遗弃。

五岁的布鲁斯在妈妈的陪伴下第一次去幼儿园，他看着

[①] 哈林区（Harlem），位于美国纽约市曼哈顿北部，著名的黑人住宅区。——译者注

墙上的画，大声问道："谁画了这么难看的画？"

妈妈很尴尬，她不满地看着儿子，赶紧告诉他："把好看说成难看是不好的。"

一旁的老师明白了布鲁斯的意思，笑着说："我们这儿不是一定要画好看的画，只要你喜欢，也可以画难看点的画。"布鲁斯脸上露出了灿烂的笑容，实际上，他真正想问的是："那些不太会画画的孩子怎么办？"现在他已经得到了自己所需的答案。

接着，布鲁斯拿起一辆坏掉的玩具消防车，自以为是地问道："谁弄坏了这辆消防车？"妈妈回答他说："跟你有什么关系？在这里你不认识任何人。"

布鲁斯其实对弄坏消防车的人并不感兴趣，他只是想知道弄坏玩具的小孩会有什么后果。老师理解了他的问题，并给出了恰当的回答："玩具本来就是用来玩的，它们有时候会损坏，这很正常。"

布鲁斯看上去心满意足。他的面谈技巧已经帮助自己掌握了一些必要信息："这个大人很好，即使我画得不好或弄坏了玩具，她也不会立刻生气。我不用害怕，待在这里很安全。"于是布鲁斯和妈妈挥手告别，走到老师身边开始了自己在幼儿园的第一天。

十二岁的卡罗尔是个容易紧张、爱哭鼻子的女孩。她最喜欢的表姐苏西整个暑假都和她待在一块，但现在表姐要回自己家了。

卡罗尔（含泪）："苏西要离开了，我又一个人了。"

妈妈："你会找到其他朋友的。"

卡罗尔："但我会感到孤独。"

妈妈："时间会让你好起来的。"

卡罗尔（哭泣）："唉，妈妈！"

妈妈："你已经十二岁了，不应该这么容易哭。"

卡罗尔生气地瞪着她母亲一眼，然后跑回自己房间并关上门。

这件事本可以有个更愉快的结局。哪怕不是什么十分重大的状况，孩子的感受也必须被认真对待。在妈妈看来，暑假结束后的分别或许是一件微小的事情，没有必要掉眼泪，但她完全可以表现得更加通情达理。妈妈应该这样想："卡罗尔现在很难受，我可以尽力去帮助她，并让她明白我理解她的感受。"

她可以说以下任意一句话来安慰女儿：

"苏西不在,你会很孤单的。"

"你已经开始想念她了。"

"你们俩都习惯在一起了,分开确实很难。"

"没有苏西在家里肯定觉得空荡荡的。"

这样的回答能够增进亲子之间的亲密关系。当孩子感到被父母理解时,他们的孤独和伤痛也会因这份理解而减淡,他们对父母的爱也就更深了。对于孩子受伤的心灵来说,父母的同情就是情感上的急救药。

无效对话

无意义的亲子对话让父母感到烦恼,比如下面这段广为人知的对话:

"你去哪了?"

"出去了。"

"干什么去了?"

"没干什么。"

起初,父母会试着耐心解释,但很快就发现这太累人了。一位母亲说:"我试图跟孩子讲道理,但是我都快气炸了，他还是不听。只有当我冲着他尖叫时，他才会好好听我说话。"

孩子经常不愿与父母交流。他们讨厌被说教、批评和指责，觉得父母话太多了。

8岁的大卫对妈妈说："为什么我只问一个小问题，你就要回答那么长？"

他向朋友抱怨："我什么都不跟妈妈说。我要是跟她讲话，就没时间去玩了。"

一位对亲子关系感兴趣的观察员无意间听到了一段家长和孩子之间的对话。他惊奇地发现，双方几乎没有认真倾听彼此讲话。他们的谈话就像是两个人在独自说话，一个人只会批评和下命令，而另一个则只会否认和请求。这种"沟通"悲剧发生的原因不是缺乏爱，而是缺乏尊重；也不是缺乏智慧，而是缺乏技巧。

我们平常使用的语言不太适合与孩子进行有意义的交流。为了更好地拉近亲子关系，减轻父母的压力，我们需要一种新型的亲子相处模式，其中就包括新型的亲子对话方式。

新型亲子交流准则

新型亲子交流准则需要基于尊重和技巧两大原则，具体要求如下：

（a）同时照顾孩子和父母的自尊；

（b）先表示理解，再提出建议或指令。

九岁的埃里克气呼呼地回到家。他本来今天要和全班一起去野餐，但是天公不作美，下起了雨。埃里克的妈妈决定换种方式处理这个问题。

她以前总是会说些火上浇油的套话："哭也没用，野餐都泡汤了。""改天再玩吧。""又不是我让老天下雨的，冲我发火干什么？"

然而这次她想到："我的儿子对错过这次野餐非常失望，并且只能通过愤怒来表达内心感受。他有权支配自己的情绪，我唯一能做的就是向他表示理解并尊重他的感受。"于是她这样跟儿子说：

妈妈：你看起来好失望啊。

埃里克：是的。

妈妈：你很想去参加今天那场野餐活动吧？

埃里克：那当然了。

妈妈：明明万事俱备，这该死的天气却下雨了。

埃里克：没错，就是这样。

沉默片刻后，埃里克接着说："没关系，下次再去吧。"

埃里克的愤怒似乎已经消失了。在那个下午剩余的时间里，他表现得很听话。通常情况下，当埃里克生气地回到家时，全家人都会感到心烦意乱，因为他总是会惹得每个人都不高兴。直到深夜他终于入睡后，整个家庭才能恢复宁静。

埃里克妈妈的方法有什么独特之处呢？这个方法的哪些点起到了作用？

当孩子处于强烈的情绪之中时，他们听不进任何人的话。建议也好，安慰或是建设性批评也罢，他们通通拒之门外。**他们想要的是我们的理解，希望我们能理解他们当下的心情**。而且，他们希望不用完全说出自己的遭遇，我们也能理解他们。他们的情绪只会展露一点点，剩下的我们必须自己猜。

我们如何得知孩子的感受？**只需做他忠实的听众，再与**

他感同身受。我们肯定知道一个小孩当着同龄人的面出丑是什么感觉。组织一下语言，让孩子知道我们理解他的经历。

以下这几句话都很有用：

"那肯定非常尴尬。"

"那肯定让你非常生气。"

"你那会儿肯定恨透了老师。"

"那肯定让你特别受伤。"

"今天对你来说真是太糟了。"

相反，如果我们告诉孩子，或者试图说服孩子：

"这样想是不对的。"

"这样想是没道理的。"

孩子的强烈情绪就没法得到平复。情绪是赶不走的；只有当我们倾听它、同情它、理解它并最终接受它时，情绪的强烈程度才会降低，锋芒才会减弱。

这段话不仅适用于孩子，同样也适用于成人。以下面摘录[1]自家长讨论组的对话为例：

组长：假设这是一个哪儿都不顺心的早上。电话响了，

---

[1] 海姆·G.吉诺特：《儿童团体心理治疗》，纽约：麦格劳-希尔出版公司，1961版，第180-182页。

孩子哭了，面包也不小心烤焦了。老公过来看了看面包机说："天呐！你什么时候才能学会烤面包？"你们会做何反应？

　　A太太：我会把烤面包扔他脸上！

　　B太太：我会回答，"自己烤你那该死的面包去吧！"

　　C太太：我会很伤心，只会哭。

　　组长：老公的话会让你们怎么想？

　　众人：气愤，厌恶，憎恨。

　　组长：你们会愿意重新再烤一份面包吗？

　　A太太：可是可以，但我会下点毒进去。

　　组长：那他出门上班后，你们还愿意打扫房子吗？

　　A太太：不愿意，我这一整天都毁了。

　　组长：假设同样的情况：面包烤焦了，但老公看了看情况，说："哇，亲爱的，你今天不太顺呀——又是孩子，又是电话，现在还有面包。"

　　A太太：要是我老公这么说，我会开心死！

　　B太太：我会感觉很棒！

　　C太太：我会很高兴，会抱抱他，亲亲他。

　　组长：为什么呢？——孩子还是在哭闹，面包依旧烤焦了。

　　众人：那没关系。

组长：哪里不一样了呢？

B太太：你心里会有点儿感激，因为老公并没有批评你——他没有跟你对着干，而是向着你的。

组长：那老公出门上班后，你们还会打扫房子吗？

C太太：当然啦！我还会哼着歌打扫。

组长：现在我告诉你们，还有第三种老公，他会看看烤焦的面包，然后平静地对你说："亲爱的，看看我是怎么烤面包的吧。"

A太太：噢，不，这比第一个还糟糕。他会让你觉得自己很蠢。

组长：现在让我们看看如何将这三种对烤面包事件的不同处理方法应用到我们和孩子的相处之中。

A太太：我明白你的意思了。我总是对孩子说："你已经长大了，你应该懂得这个，你应该懂得那个。"但这样做只会让他更生气。

B太太：我总是对我儿子说："亲爱的，我来做这个、做那个给你看。"

C太太：小时候我经常受到批评，渐渐地就习惯了。现在我批评孩子也是从我妈妈那里学来的，但这让我很恨她。因为无论做什么事情，她总是要求我反复去做。

组长：现在你发现自己会对女儿说同样的话？

C太太：是的。我一点也不喜欢这样——每当我这样做时，我都会讨厌自己。

组长：如今你在寻找与孩子对话的更好办法。

C太太：是的，我确实是在这么做！

组长：让我们看看能从烤面包事件中学到什么。当我们对自己爱的人产生了不好的感觉时，怎样才能帮助改变这种感觉呢？

B太太：有人能够理解自己。

C太太：对方没有责怪自己。

A太太：而且没有对自己说教一通。

这个例子展示了语言的力量：它既能制造敌意也能带来快乐。同时，这个例子还提醒我们，**我们的反应（包括语言和情感）对于家庭氛围起着至关重要的作用。**

一些实用沟通原则

当孩子提出或询问某件事情时，最好不要直接对事件本

身做出反应，而是针对事件所隐含的联系进行回应。

六岁的弗罗拉抱怨她最近收到的礼物比哥哥少。

妈妈没有反驳，也没有解释为什么哥哥应该收到更多礼物，或者保证不会再出现这种情况。她知道，孩子真正关心的是他们和父母关系的深度，而不是礼物的大小和数量。

于是她问弗罗拉："你也想要更多的爱，是不是？"

说完这句话，妈妈就紧紧抱住了弗罗拉，弗罗拉惊喜地笑了。

原本可能无休止地争论下去的对话，现在却能这样完美结束。

当孩子说起某件事情时，不要就事件本身去回应他，而要关注孩子对这件事情的感受，这样有时会更有效。

七岁的格洛丽亚回家时心情很不好，她告诉妈妈，自己的好朋友多莉被人从人行道推到全是雨水的排水沟里去了。妈妈听后没有追问具体的情况，而是对女儿的感受做出了回应。她对女儿说：

"这件事一定让你很不爽。"

"你当时一定对那些做坏事的男孩很生气。"

"你现在都还在生他们的气呢。"

听完这番话，格洛丽亚坚定地表示赞同。妈妈接着问："你害怕他们也会欺负你吗？"格洛丽亚毫不犹豫地回答道："如果他们敢，我就把他们一起拉下水，然后溅起一个大水花！"她在脑海中想象着这个场景，并发出了笑声。

这段对话本会围绕自卫问题引发一段没用的说教，现在却以欢笑结束。

当孩子回到家，满口对朋友、老师或者生活的抱怨，最好顺着他的语气回应他，而不要试着去查明事件的经过。

十岁的哈罗德回到家就开始抱怨。

哈罗德："我的命也太苦啦！我告诉老师我忘记带家庭作业了，但她却说我在撒谎，并且还对我大声斥责。我的天哪，她竟然这样对待我，而且还要写条子给你。"

妈妈安慰哈罗德说："你今天过得确实不好。"

哈罗德回应道："一点没错。"

妈妈接着说："当全班的同学都听到老师指责你撒谎时，那肯定让你感到非常尴尬吧？"

哈罗德承认道："确实非常尴尬。"

妈妈猜测道："我敢打赌当时你心里骂了老师几句吧？"

哈罗德："噢，没错！你怎么知道？"

妈妈："受到伤害时，我们通常都会这么做。"

哈罗德松了口气:"现在感觉轻松多了。"

当孩子谈论自身的问题时,通常不要只是表示赞同或不赞同,而要用具体的细节来表达超出孩子期望的理解。

孩子说:"我数学不好。"

如果你说:

"对,你确实不擅长跟数字打交道。"

"更用功点吧,会有进步的。"

像这样反驳孩子的观点或者打发他几个俗套的建议根本于事无补。这类敷衍的回答只会伤害孩子的自尊,即兴的说教也只会打击孩子的自信心。

对于孩子那句"我数学不好",可以用真诚和理解来作为回应,比如:

"数学可不是门简单的科目。"

"有些题就是很难答。"

"挨批评不会让数学变得容易。"

"只会让你以为自己很笨。"

"我赌你肯定迫不及待想下课。"

"下课了就逃过一劫。"

"考试时一定特别难熬。"

"你肯定很担心不及格。"

"……担心我们会怎么想。"

"……害怕我们对你失望。"

"我们知道有些科目学起来不容易。"

"我们相信你会尽力的。"

有个十二岁的男孩回忆说,当他拿着不及格的成绩单回到家,爸爸却用这种通情达理的态度跟他说话时,他开心得差点"晕过去"。他当时心想:"我一定不能辜负爸爸对我的信任。"

每对父母都会偶尔听到子女声称:"我真笨。"父母们当然清楚,孩子并不笨。于是父母开始说服孩子,让他们相信自己很聪明。

儿子:我真笨。

爸爸:你不笨。

儿子:我就是很笨。

爸爸:你不笨。还记得你在夏令营时有多聪明吗?辅导员觉得你是最聪明的孩子之一。

儿子:你怎么知道他怎么想的?

爸爸:他告诉我的。

儿子:是吗,那他为什么老是说我很笨?

爸爸：他只是在开玩笑。

儿子：我是很笨，我知道。看看我在学校的分数就知道了。

爸爸：你只是需要更用功一点。

儿子：我已经更用功了，可还是没用。我就是没脑子。

爸爸：你很聪明，我知道。

儿子：我很笨，我知道。

爸爸（大声）：你不笨！

儿子：我就是很笨！

爸爸：你不笨！笨蛋！

当孩子自称笨、丑或坏时，我们无法立即通过言语或行动改变他们对自己的看法。人们对自己的看法根深蒂固，不容易直接改变。例如，有个孩子曾这样告诉父亲："爸爸，我知道你是出于好意才说我很聪明，但我还是没相信你的话。"

当孩子表达了对自己的负面看法时，我们反对和抗议都是无济于事的。这样做只会让孩子更加坚定自己的观点。**我们能提供最大帮助的方式就是告诉孩子，我们不仅理解他们内心感受，还明白他们言外之意。**

儿子：我真笨。

爸爸：你真这么觉得吗？你不觉得自己很聪明吗？

儿子：我不觉得。

爸爸：那你心里肯定不好受吧？

儿子：嗯。

爸爸：你一定在学校担惊受怕了很久吧。……担心不及格。……害怕分数低。老师叫你回答问题时，你肯定感到很慌乱。有时你明明知道答案，却没法正确说出来。你害怕自己的话听起来很蠢。……老师会批评你。……同学会嘲笑你。所以，很多时候，你宁愿什么也不说。我猜你应该记得自己说完话被嘲笑的情景，这让你觉得自己很蠢，很受伤，而且很生气。（这时，孩子可能会告诉你一些他的经历。）

爸爸：看，儿子！在我眼里你很优秀，只是你自己有不同的看法。

这段对话可能不会立即改变孩子对自己的看法，但它会在他心中埋下怀疑的种子，让他开始质疑自己是否真的那么无能。孩子也许会想："如果爸爸理解我并认为我很优秀，那么我或许也不是那么没用。"这段对话所带来的亲密感可以激励儿子更加努力以不辜负父亲的信任。

当孩子说"我总是运气不好"时，争论或解释都是无济于事的。我们每举一个正例，他们就会想出两个反例。我们能做的只有让他们知道，我们理解有这种想法的感受。

儿子：我总是运气不好。

妈妈：你真这么觉得吗？

儿子：是的。

妈妈：那么，当你玩游戏时，是否会在心里想："我不会赢，我的运气很差。"

儿子：没错，我就是这样想的。

妈妈：当老师叫人回答问题时，如果你知道答案，你是否觉得他不会选到你？

儿子：对。

妈妈：但如果家庭作业没有完成呢？你是否觉得"老师今天一定要找我"？

儿子：对。

妈妈：我猜你还能给我举出更多例子。

儿子：当然可以，比如……。

妈妈：你对运气的想法我很感兴趣。下次再有你觉得是坏运气或者好运气的事情发生，记得告诉我，我们一起聊一聊。

这段对话或许不会改变孩子相信自己运气不好的想法，但可以让他觉得自己很幸运能拥有这样一个通情达理的妈妈。

如何表达矛盾的感受

孩子爱我们，同时也怨恨我们。对于父母、老师等一切可以管教自己的人，孩子内心都有两种感受。父母很难接受这种模棱两可的感情，他们自己不喜欢这样，也无法容忍自己的孩子这样。他们认为对人又爱又恨本身就是错误的，尤其是对家人而言。

我们可以学会接受自己和孩子内心的矛盾情感。为了避免不必要的冲突，我们需要让孩子知道这种感受是正常、自然的。让孩子承认并表达他们内心的矛盾情感，有助于减少他们的内疚感和焦虑：

"你好像对老师有两种不同的看法：你既喜欢他，又讨厌他。"

"你似乎对哥哥有两种情感：你既佩服他，又憎恨他。"

"你对这件事有两种想法：你既想去野营，又想待在家里。"

对孩子的矛盾情感保持平静的、不加批评的态度对他们有好处，因为这样做能传达给他们一种信息：即使是这种"混合的"感受也是能够得到理解的。一个孩子如是说："如果我的混乱感受能被理解,那就说明它们也没那么混乱。"相反地,以下话语则毫无帮助:"你这个孩子,情绪太不稳定了!时而喜欢朋友,时而又讨厌他。如果你想清楚自己的想法,就要下定决心做出选择。"

当我们在人际交往中深入思考时,需要意识到以下事实:有爱就有恨;有仰慕就有嫉妒;有奉献就有敌对;有成功就有忧惧。只有智者才能意识到,**无论是积极、消极还是矛盾的感受,都是合理存在的。**

要打心底里接受这种观念并不容易,毕竟从小到大接受的教育让我们形成了相反的想法。我们学到了:消极的感受是"坏的",我们不该有这种感受,应该以此为耻。但现代科学表明只有行为可以用"好"或"坏"来评判,而头脑中的幻想则不能。只有行为才能受到谴责或表扬,感受则不能,也不应受此对待。对感觉下判断,或者对幻想横加指责,不但妨碍政治自由,还会对心理健康造成损害。

情感是人类遗传基因之一。**像鸟儿飞翔和鱼儿游泳一样,人也具备感知能力。**尽管生活中充满了愤怒、恐惧、伤心、欢乐、贪婪等各种情绪体验,并非总是快乐美好的;但如果能够正确认知它们并适当地表达出来,则可以更好地掌握问题关键所在。许多人被教育得分不清自己的真实感受。当他们感到憎恨时，有人说这只是不喜欢。当他们感到害怕时，有人说没有什么好害怕的。当他们感到痛苦时，又有人建议他们笑着勇敢面对。甚至一些流行歌曲也在告诉我们"要在不快乐时假装快乐"。

那么，如何摆脱这种伪装？用真话。情感教育可以帮助孩子。对孩子来说，**知道自己怎么想，远比知道自己为什么这么想更加重要**。只有清楚了自己内心的真实感受，才能避免产生混乱和困扰。

成为孩子的镜子

如何帮助孩子弄清自己的感受？我们可以成为一面映射孩子情感的镜子。镜子映照的影像能让孩子得知自己的长相，父母反映的感受能让孩子明白自己的情感。

镜子不会添油加醋，它只是简单地呈现事物原本面貌。我们可不想听到镜子这样说："你看起来很糟糕""你需要整理一下"。在这样的魔镜面前露几次面，我们就会把它当成瘟疫一样避之不及。**我们想要的是影像，而不是说教**。我们或许不会喜欢镜中的自己；但我们更愿意决定权在自己。

情感之镜的功能与普通镜子类似，就是不加修饰地映射出原本的情感。

"你看上去很生气。"

"听起来你非常讨厌他。"

"你好像对这整件事感到很厌恶。"

对于那些有类似感受的孩子来说，这些话能够帮助他们更清晰地认识自己，是最具有帮助性的。无论是使用普通的穿衣镜还是情感之镜，都可以提供清晰的影像，从而让人自发地去修饰和改变自己。

第二章

表扬与批评的新方式

一场烟灰缸引发的骚乱

感恩节周末过后的周一清晨,我接到了一通电话。电话那头的女人语气慌乱。"可以的话,您看看这是怎么一回事,"她说,"我们全家人现在都在车上,开车六百多公里从匹兹堡回纽约去。伊凡原本安静地坐在后座,他若有所思,乖巧得像个天使。我当时心想,'应该表扬他一下。'于是车子开进林肯隧道时,我转过身去对他说,'伊凡,你真是个好孩子。你今天这么乖,我很欣慰。'"

"我们在隧道里待了一会,其间伊凡掏出烟灰缸,把里边的东西——烟灰啊、烟头啊——通通扔到我们身上,烟味儿窜个不停,就跟核爆炸之后的原子尘似的。我们当时堵在隧道里,所有人都呛到了。我恨不得杀了他。要不是在马路上,我肯定当场就把他弄死。最让我火大的是,在那之前我还真心夸奖过他。**难道表扬对孩子不起作用了吗?**"

几周后,伊凡揭示了那次"爆炸"事件的起因。当时,他的弟弟依偎在父母中间,而伊凡却无法忍受这种情况。一路上,他一直在考虑如何除掉弟弟。最终,一个想法浮现在他脑海中:如果车子从中间折断,那么他和父母都会平安无事，而弟弟则会被切成两半。就在此时，母亲夸奖伊凡乖巧。这样的赞扬让他感到十分尴尬，并且极力试图表现得不再乖巧。环顾四周后，他看到了烟灰缸，紧接着就发生了后来的故事。

表扬成就，还是称赞品格？

大多数人认为，表扬可以建立孩子的信心，让他们更有安全感。然而，在现实生活中，过度的表扬可能会引发焦虑，并导致不良行为。为什么会这样？原因在于许多孩子经常对家庭成员产生嫉妒和攀比之情。当父母对孩子说"你真是个好孩子"时，孩子或许无法接受这样的夸奖，因为这与他们自己眼中的形象完全不一样。相反地，他们希望听到关于其他家庭成员负面消息的报道，例如："妈妈口吃了""弟弟下周要去医院"。事实上，越是频繁地表扬孩子，就越容易使其变得任性，并想以此来展示自己的本性。父母通常会发现孩子每次被称赞乖巧后都会开始胡闹、捣蛋甚至抗议似的挑战规则。这种淘气行为可能只是孩子对公众形象保持谨慎态度的方式罢了。

这段文字的意思是，表扬并没有过时，但需要像使用青霉素一样小心谨慎。就像使用强效药物一样，表扬也有规则——包括时间和剂量，必须小心谨慎，以免引起过敏反应。使用"情感药物"也需要遵循类似的规则，其中最重要的一条就是：**只表扬孩子的努力和成就，不要称赞他的品格和个性。**

当孩子打扫完院子，对他们说"辛苦了"或者称赞院子看起来很棒，这是真实、自然的评价。相反地，告诉孩子他们"人真好"则不仅毫无意义，而且也不合时宜。**表扬应该让孩子看到自己的努力和成就，而不是夸张其品格。**

以下例子展示了一个可取的表扬方式：八岁的吉姆把院子打扫得干干净净。他不但耙了树叶，倒了垃圾，还重新整理了各种工具。妈妈很感动，对他的努力和成就表达了感激和欣赏：

妈妈："这个院子以前真的很脏，我之前从来没有想过它可以在一天内变得这么干净。"

吉姆："我做到了！"

妈妈："原本院子里到处都是落叶、垃圾和各种杂物。"

吉姆："但现在已经全部清理完毕了。"

妈妈："你肯定花费了很多力气吧！"

吉姆:"没错,确实费了不少劲。"

妈妈:"看着现在的院子如此干净整洁,感觉真好啊!"

吉姆:"看起来还不错呢。"

妈妈:"谢谢你,我的孩子。"

吉姆:"不客气。"

妈妈的话让吉姆为自己的努力而开心,为自己的成就而骄傲。当天晚上,他迫不及待地等爸爸回来,好向他展示干净的院子,重温出色完成任务的骄傲。

相比之下,下列对孩子品格的溢美之词则是毫无帮助的:

"你真是个好孩子。"

"你真是妈妈的小帮手。"

"妈妈要是没有你可怎么办呀?"

这样的评价可能会吓到孩子,让他们感到不安。[1]他们可能会觉得,自己离好孩子还差得远呢,配不上这样的称赞。因此,与其惴惴不安等着被揭穿,倒不如立马坦白地做点坏事,好减轻自己的负担。

---

[1] 过分的表扬也可能给成年人带来危机感。在"罗伯特·弗罗斯特对抗赫鲁晓夫"(Robert Frost Confronts Khrushchev)一文中,F. D.里夫写道:"弗罗斯特收获的荣誉令他心生不安,因为荣誉……也许是可怖的:它意味着你下次得做得更好,而你又害怕做不到更好。"(《大西洋月刊》,1963年9月,第38页)。

直接称赞孩子的品格可能会让人感到不适，就像烈日刺目一样。**当听到别人称赞自己出类拔萃、心地善良、宽宏大量、谦恭有礼时，人们通常会觉得很尴尬，并且从内心深处不想承认部分或全部夸奖。**被夸的人不仅不会在公众场合站出来说："谢谢，我接受你们的夸奖，我的确很优秀。"还会在私底下否认这类夸奖。人们没法打心底里承认："我很优秀。我人很好，坚强，大方，还谦虚。"

除了否定夸奖之外，被表扬者还可能对那些称赞他们的人产生负面情绪："他们肯定是脑子有问题，才会觉得我这么好。"

我们说的和孩子听到的

表扬应涉及两个方面：孩子的品格特征和努力成就。评论时措辞要严谨，让孩子能够积极正面地推断自己的品格。

十岁的肯尼帮爸爸修缮了地下室，其间他必须搬动沉重的家具。

爸爸："工作台很重，搬起来很吃力。"

肯尼："但是我搬起来了。"

爸爸:"那可需要不少力气。"

肯尼:"我可是很强壮的。"

在这个例子里,爸爸只对任务的难度进行了评价,是肯尼本人对自己的个人力量做出了推断。如果爸爸说:"儿子,你真强壮。"肯尼或许会回答:"哪有,班上比我强壮的男孩多得多。"随之而来的很可能就是一场无益甚至激烈的争论。

内心回响与自我形象

表扬应该包含两个部分:我们说的话和孩子从中得出的结论。前者应该清楚地表明,我们欣赏孩子所做出的努力、工作和成就,并感激他们提供的帮助、关心或创造性。我们的话语应该让孩子对自己产生积极看法,就像一块魔法画布一样,让孩子不由自主地挥动画笔,在上面描绘一个积极正面的自我形象。如下例:

父母:谢谢你洗好了车,现在它焕然一新了。

孩子:我干得不错,我的工作得到了赏识。

（无用的表扬：你真是个天使。）

父母：我很喜欢你送的卡片，做得很漂亮，写得也非常有趣。

孩子：我的品味很好，我可以相信自己的选择。

（无用的表扬：你这么体贴周到。）

父母：你的诗真是写到我心坎里了。

孩子：我很高兴我能写诗。

（无用的表扬：相对于你的年纪而言，你写的诗算是不错的了。）

父母：你做的书架真漂亮。

孩子：我很能干。

（无用的表扬：你很会做木工。）

父母：你的信让我特别开心。

孩子：我能给他人带来快乐。

（无用的表扬：你在写信这方面做得很好。）

父母：非常感谢你今天帮我洗碗。

孩子：我能帮上忙。

（**无用的表扬**：你比保姆强多了。）

父母：谢谢你告诉我，我多付了钱，真的太感谢你了。

孩子：我很高兴我很诚实。

（**无用的表扬**：你真是个诚实的孩子。）

父母：我发现你的作品有好几个创新点子。

孩子：我也可以很有创意。

（**无用的表扬**：在你这个年纪，你的写作水平已经相当不错了。当然，还有许多需要学习和提高的地方。）

这些描述性语句以及孩子从中得出的积极结论共同构成了心理健康的基石。我们所说的话会在孩子内心回响，并对他们产生影响。通过重复这些现实而积极的语句，孩子能够更加积极地看待自己和周围世界。

批评：建设性批评与毁灭性批评

如何区分建设性批评和毁灭性批评？**建设性批评仅限于指出应该如何做事，而不会提及与孩子品格相关的负面评价。**

十岁的拉里吃早餐时不小心打翻了一杯牛奶。

妈妈：你已经长这么大了，应该知道怎样拿杯子了。我已经多次提醒你要小心。

爸爸：他就是毛手毛脚的，以前一直都这样，将来也改不了。

拉里洒掉的牛奶只值几毛钱，但是因为事后被刻薄嘲笑而失去的信心可能价值百倍。当出现不好的情况时，我们不应该攻击闯祸者的品格，最好的做法是批评行为而非人。

八岁的马丁不小心把牛奶洒在了桌子上。

妈妈平静地说："我看到牛奶洒了，再给你一杯新的，还有一块海绵。"说完起身把牛奶和海绵递给儿子。

马丁抬头看着妈妈，既松了口气，又有点怀疑。他小声回答:"谢谢你,妈妈。"他擦干净桌子时,妈妈还在一边帮他。

妈妈既没有补几句严厉的批评,也没有给什么没用的警告。她说:"我当时本来想说'下次小心点',但我发现自己好心地沉默了一会,他就看起来感激地不得了,所以我什么都没说。要是以前,我肯定会为这杯打翻的牛奶大呼小叫,最后一整天的心情都给毁了。"

闯祸的原因

许多家庭的亲子冲突有一定的规律可循,整个过程通常是孩子做错事或说错话,父母侮辱孩子,孩子反应更激烈,父母再尖声威胁并施以更加霸道的惩罚,最终导致混战爆发。

九岁的纳撒尼尔正在把玩一个空茶杯。

妈妈:你会把杯子打碎的,你总是打碎东西。

纳撒尼尔:不会的。

就在这时,杯子掉到地上碎了。

妈妈:哎呀,你也太粗心了,家里的东西都被你弄坏了。

纳撒尼尔:你也很粗心啊,摔坏了爸爸的电动剃须刀。

妈妈：怎么能对妈妈说这样无礼的话！真没教养！

纳撒尼尔：你才没教养呢！是你先骂我笨蛋！

妈妈：给我闭嘴！马上回你房间去！

纳撒尼尔：来呀，你试试！

妈妈的权威受到了直接挑战，她勃然大怒，抓住儿子就要打他。纳撒尼尔一边躲，一边把妈妈推到了玻璃门上，撞碎的玻璃划伤了妈妈的手。看到这一幕，纳撒尼尔感到惊恐万分，并逃出家门，在深夜才返回。不用说，全家人都心烦意乱，晚上谁也没睡好。

纳撒尼尔是否吃一堑长一智，以后不再玩空杯子，跟母子俩共同带来的反面教材相比，其实没那么重要。问题是：这场战争有必要吗？真的不可避免吗？或者说，可以用一种更聪明的方法来处理类似的事件吗？

看到儿子玩杯子，妈妈本可以拿走杯子，然后给他一个更合适的玩具，比如球。或者，当杯子打碎时，她本可以帮助儿子处理玻璃碎片，顺带说一些像"杯子很容易打碎，谁能想到小小的一个杯子居然能弄得这么一团糟"之类的话。这样和和气气的话，或许会让纳撒尼尔大吃一惊，并为自己闯的祸道歉。没有责备和惩罚，纳撒尼尔甚至可能在心里思考并得出结论：杯子不是用来玩耍的。

从一些小事故里，孩子可以学到宝贵的价值。父母应该教导孩子分辨哪些事情只是让人不快或令人讨厌，而哪些会带来悲剧和灾难。然而，很多父母总是过于夸张地对待小问题，好像碎了一颗鸡蛋就等同于断了条腿、破了窗户就相当于碎了心。

遇到一些小意外时，父母应该这样对孩子说：

"你又把手套弄丢啦，真烦！但别担心，虽然手套需要花钱买新的，但这并不是什么大麻烦。"

手套丢了不必大发脾气，衬衫破了也无须引发一场大悲剧。

侮辱性词语

侮辱性词语就像毒箭一样，应该用在敌人身上，而不是对付孩子。当有人说"这把椅子真难看"时，椅子并不会受到伤害或感到尴尬。无论怎么形容，它仍然是那把椅子。但孩子则不同，在被称为难看、愚蠢或笨手笨脚时，他们的心理和情绪都会受到影响。他们可能会产生厌恶、愤怒和报复的想法，并且感到内疚和焦虑。他们甚至还会做出一些不良行为。简而言之,辱骂性词语会产生一连串的连锁反应,让孩子和父母都不好过。

当孩子被称作笨手笨脚时,他们通常第一反应是否认:"我才没有呢。"但实际上他们相信父母所说的话,并将其视为事实。因此每次跌倒或失误后,他们就会自责地说:"我真的很笨手笨脚。"从此以后,孩子可能避免需要灵活性的事情,并坚信自己做不好。

如果家长或老师不断地重复说孩子蠢,那么孩子就会开始相信自己确实如此,并最终深信不疑。为了避免嘲笑,他们还会逃避竞争和比赛,不愿意再动脑。这样一来,孩子就用消极的方式获得安全感,他们的人生座右铭也变成了:"不尝试,就不会失败。"

处理我们自身的愤怒

童年时期,没有人教我们如何以平常的心态去处理愤怒。我们动怒时得心存愧疚,发火时要有负罪感。在他人的步步引导下,我们相信愤怒是不好的。甚至,愤怒不只是不好的行为,而是一项重罪。

对待自己的孩子时，我们努力忍耐。但实际上，如果忍得太久，迟早会爆发出来。由于担心自己的怒气伤害孩子，所以压抑着自己就像潜水员在水下憋气一样。然而无论是压抑情感还是水下憋气，都是有极限的。

愤怒，就像寻常感冒一样，会反复发作。我们可能不喜欢它，却不能忽视它。我们可能对它了如指掌，却无法阻止它的到来。愤怒降临的情景虽然可以预见，但似乎又总是那么突如其来，出人意料。而且，愤怒的感觉可能去得很快，但在当时看来却感觉永无止尽。

当我们发怒时，我们的行为就像完全丧失了理智。我们吼叫、辱骂、暗箭伤人。我们对孩子说出的话，做出的事，哪怕是在对付敌人时都会犹豫一下。闹剧结束时，我们郑重决定，以后绝不再重复这样的行为了。但是，愤怒很快再度来袭，打破我们美好的誓言。为了孩子的幸福，我们甘愿献出自己的生命和财富。但在发怒之时，我们却毫不留情，对他们猛烈抨击。

下定决心不再生气不但没用，甚至还会起反作用，只会火上浇油。愤怒就像飓风，是必须面对的现实，你不但要承认它的存在，还要时刻为之做好准备。和睦的家庭，就像人人所期望的和平世界，并不是依靠人性由恶向善的突然改变来实现的，而是**通过一步步的周密计划来系统地缓解紧张局势，从而避免战争的爆发。**

在对孩子的教育中，父母的愤怒也可以起到一定的作用。事实上，在某些时候不发脾气并不一定是对孩子好，反而会让他们感到冷漠。因为真正关心孩子的人很难保持镇静。但这并不意味着孩子能够经受住愤怒和暴力冲击；这只表明当父母用发脾气来告诉孩子"我的忍耐有限"时，孩子确实能够忍受并理解此行为。

对于父母来说，愤怒是一种代价高昂的情感：如果没有好处，就不应该随便发脾气。此外，火气大并不能让事情变得更好，毕竟药物可不是用来加重病情的。**怒气应该以特定的方式发泄出来，这种方式既能给父母以安慰，又能给孩子以启示，对任何一方都不会产生有害的副作用。**因此，我们不应该当着孩子朋友的面对他们大声训斥；这样做只会让孩子变本加厉，反过来叫我们更生气。我们既不想引发愤怒、违抗、反击和报复，也不想就此陷入僵局。相反，我们想得到孩子的理解，好让阴云消散。

要在和平时期做好应对紧张时刻的准备，我们应当承认以下事实：

1. 孩子有时会让我们生气，这是一个不可避免的现象。

2. 我们有权生气，不必因此内疚或羞愧。

3. 除了出于安全考虑，我们有权表达自己的情绪。在表达时，我们应该避免攻击孩子的品格和个性。

上述假设应该落实到处理愤怒的具体步骤当中。处理混乱情绪的第一步是大声说出这些情绪。这样可以提醒相关人员并促使他们改正行为或采取预防措施。

"我生气了。"

"你惹毛我了。"

如果板着脸对对方说出这些话没有起到效果，则可以进行第二步，加大强度表达愤怒：

"我生气了。"

"我非常生气。"

"我非常，非常生气。"

"气死我了。"

有时候，仅仅表达我们的感受就能让孩子停止调皮捣蛋，无须解释原因。但有些情况下，我们需要采取第三步：解释为何生气、内心想法和行为。

"当我看到鞋子、袜子、衬衫、毛衣扔得满地都是时，我很生气，真的气极了。我真想打开窗户，把这一堆东西扔到大街上去。"

"看到你打弟弟,我很生气,心里就像有团火在烧,我绝不允许你再伤害他。"

"看到你们所有人一吃完晚饭就冲出去看电视,把那些脏兮兮的盘子、油腻腻的锅都留给我时,我太生气了!气得我简直七窍冒烟!我真想把所有的盘子砸到电视上去!"

"当你不来吃晚饭时,我很生气。我心想:'我做了这么多好吃的菜,想要的是赞赏和感激,而不是失望!'"

这一有助父母排解怒气的方法,不但不会造成伤害,还能给孩子上重要一课,教会他们如何安全地表达愤怒。孩子或许会明白,愤怒并不是什么大灾难,完全可以释放出来,不会伤害到任何人。这堂课不仅需要父母把愤怒表达出来,还要求父母向孩子指出可接受的情感表达方式,并向孩子展示发泄愤怒时应该采取的安全、体面的方法。有关寻找破坏性情感的合适替代品的问题,将在第五章详细讨论。

第三章

避免适得其反的相处模式

有些亲子相处模式常常适得其反，不仅无法实现我们的长期目标，还会制造家庭混乱。这些模式包括恐吓、诱哄、许诺、挖苦孩子、对撒谎和偷窃的孩子进行说教，以及用粗鲁的方式教育孩子讲礼貌。

不要恐吓孩子

对孩子来说，恐吓就等于是邀请他们重复不被允许的行为。当孩子被告知"要是你再这么做……"时，他们听到的不是"如果你"，而是后面的"再这么做"。有时他们还会把这句话解读为"妈妈希望我再做一次，不然她会失望的"。

这样的警告对成年人可能很合理，但对孩子来说却无效甚至适得其反。孩子肯定会再犯那些讨厌的行为。**发出警告，就是挑战孩子的自主权**。稍有自尊心的孩子为了展示自己不惧怕任何挑战，一定会再犯。

五岁的奥利弗不听警告，一直往窗户上扔球。

妈妈说："要是你再把球往窗户上扔，我就把你狠狠揍一顿，我保证。"

一分钟后，玻璃碎裂的声音传来，她的警告起作用了：球最后一次扔在了窗户上。

在这一系列的恐吓、许诺以及不良行为之后，结果可想而知。

相比之下，在另一个事件中处理不良行为时没有使用恐吓等手段却取得显著效果。

七岁的皮特（Peter）用玩具枪对着襁褓中的弟弟射击。

妈妈说："别对着宝宝，请找个靶子练习。"

但是皮特还是向弟弟开了一枪。于是母亲夺走了枪并对皮特说："人不能拿来当靶子。"

妈妈既做了该做的事来保护宝宝，同时又坚持了自己的底线。皮特则在没有自尊受挫的情况下，认识到了自己行为的后果。妈妈的话明显暗示了皮特：要么对着靶子射，要么就别拿着枪。

在这次事件中，皮特妈妈避免了父母通常会犯的错误。她没有使用类似"住手，皮特！你难道就不能想出别的玩法吗？如果再这样做，我就把枪收起来！"这样的恐吓语言。除非皮特是个温顺的孩子，否则他很可能会再次犯错。接下来发生什么事情，任何一个父母都能轻易想象到。

避免用奖励诱导孩子

一种类似适得其反的方法是明确告诉孩子,如果他们做或不做某事,就能获得某种奖励:

"你对弟弟好,我就带你去看电影。"
"你不尿床了,圣诞节我会送你一辆自行车。"
"你学会这首诗,我就带你去坐船。"

这种"如果—那么"的方法可能偶尔能激励孩子朝着眼前的目标去努力,但是这种方法很少可以,甚至完全不能激励孩子持续地努力下去。以上每一句话传达给孩子的,都是对他们进步能力的怀疑。"如果你学会这首诗"意思是"我们不确定你能不能学会"。"如果你不尿床了"意思是"我们觉得你做不到"。

之所以要反对用奖励来诱导孩子,还有几个道德上的原因。儿童心理学家桃乐茜·巴鲁克在书中谈到了这样一个男孩,他说:"我总是让妈妈觉得我会犯错,这样我就能得到自己想要的东西。当然啦,我得经常犯错,这样妈妈才会相信她不是白给了我那些东西。"

孩子有了这样的想法,可能很快就会学会跟父母讨价还价、敲诈勒索。为了让你交换他们的"良好"表现，他们甚至还会要求越来越多的补贴和奖励。有些父母已经对孩子的要求太过习以为常，他们购物结束时，都不敢不给孩子带礼物就回家。孩子开门迎接时也没有一句问候，只会问"你给我带了什么？"

不要向孩子许诺

不应该向孩子做出承诺，也不应该要求他们做出承诺。为什么要禁止这种行为呢？我们与孩子的关系应该建立在相互信任的基础之上。**如果父母必须用许诺来强调自己说话算数，那么就等于是承认自己"没有许诺过"的话是不值得相信的。**许诺会给孩子带来不切实际的期待。许诺孩子去动物园玩时，他们会认为父母保证了：那天不会下雨，汽车不会出故障，自己不会生病。但是，计划不可能总是赶得上变化，一旦情况有变，孩子就会觉得受到欺骗，觉得父母不值得信赖。相信各位父母都很熟悉这句毫不留情的抱怨："你可是答应过我的。"然而现在想要撤回已经做出的承诺却已经太迟了。

父母也不应要求孩子为实现将来的良好行为，或停止过去的不当行为做出保证。因为孩子做出并非真心的承诺，就像在银行签了一张空头支票。我们不应鼓励这种欺诈行为。

不要挖苦孩子

具有挖苦天赋的父母对孩子心理健康的危害极大。这类"语言奇才"会建立障碍，阻碍亲子间的有效沟通：

"同一件事还要我重复多少遍？你是聋了吗？那你怎么听不进去？"

"你也太没礼貌了，你是野人吗？丛林才是你家。"

"你到底怎么了？疯了还是傻了？我就知道你最后会这样！"

这些父母甚至都意识不到，这样的话不仅是一种人身攻击，会招致孩子的反击，而且还会阻碍沟通，让孩子一心想着如何报复。在育儿过程中，绝不能有辛辣的挖苦和尖酸的套话。最好要避免这样的话：

"你长得块头这么大，裤子都挤不下了。"

"你真是自我膨胀了。"

"你以为你是谁？"

不管是有意还是无意，我们都不应该贬低孩子的形象，无论是他们在自己眼中的形象，还是在同龄人眼中的形象。

如何应对孩子说谎

孩子撒谎时，尤其是说出自以为聪明但实际上拙劣的谎言时，父母往往大发雷霆。试想一下，孩子嘴硬说自己没碰油漆或没吃巧克力，而身上却满是污渍，嘴边也全是没擦干净的巧克力。这样的行为确实令人生气。

孩子会撒谎，有时是因为父母不让他们实话实说。如果一个孩子坦率地告诉妈妈他自己讨厌弟弟，妈妈可能会惩罚他。相反，如果这个孩子改变说话方式并谎称自己很喜欢弟弟，妈妈或许会给他拥抱和亲吻作为奖励。从这种经历中，孩子得出的结论是：真相伤人而欺骗有利可图，所以"小骗子"更受欢迎。

为了教育孩子保持诚实品质，我们必须做好心理准备：无论真话听起来是否舒服都要倾听；在成长过程中不能鼓励隐瞒感受，不论这些感受是积极的、消极的、还是矛盾的。

孩子正是从父母对这些感受所做出的反应中认识到，诚实究竟是不是最佳策略。

当孩子说真话会受到惩罚时，他们可能会用谎言来自我保护。有时候，孩子撒谎是为了弥补现实中的不足，通过幻想来满足内心的渴望。谎言能告诉你孩子害怕什么，希望什么。它能揭示一个人想成为的样子，或想做的事情。聪明的人可以透过谎言看穿对方的小心思。**因此，在处理谎言时应该理解其背后真正意图，而不是否定它的意图或指责说谎的人。从谎言中获取的信息，从谎言中获取信息可以帮助孩子分辨现实和幻想之间的区别。**

如果一个男孩告诉我们他收到一头大象作为圣诞礼物，我们不应该直接揭穿这个谎话。这样回答是更好的：

"你希望有一头大象！"

"你希望有自己的动物园！"

"你希望拥有许多动物！"

"所以你的圣诞礼物是什么呢？"

父母问的问题不该让孩子为了自辩而撒谎。孩子讨厌被父母质问，特别是明知故问。他们还厌恶那些设圈套的问题，这种问题总是令他们陷入两难，只能用笨拙的谎言或尴尬的坦白来回答。

七岁的昆廷摔坏了爸爸给他新买的玩具枪。他吓坏了，把零件都藏进了地下室。当爸爸发现玩具枪的残片时，他很生气，问了儿子几个问题，最后彻底爆发。

爸爸："你那把新枪呢？"

昆廷："在什么地方吧。"

爸爸："我都没看到你玩。"

昆廷："我不知道它哪去了。"

爸爸："找出来，我想看看。"

昆廷："可能被人偷走了。"

爸爸："你这个该死的骗子！你把枪摔坏了！别以为你能糊弄过去，我最恨的就是骗子！"

接着，昆廷被爸爸揍了一顿，这件事他记了好久。

这是一场不必要的战争。爸爸不应该偷偷扮演侦探和检察官的角色。如果他这样对儿子说，会更有帮助：

"我看到你的新枪坏了。"

"它不经玩。"

"真可惜，还挺贵的。"

孩子可能因此获得更有价值的教训："爸爸很通情达理，我可以直接告诉他我遇到的麻烦。我以后一定要更加小心保管他送我的东西。"

如何应对孩子的不诚实

我们对待谎言的策略很明显：一方面，父母不应该扮演检察官的角色，不应该要求孩子坦白，也不应该小题大做。其次，我们需要直接说出事实。

当我们发现孩子从图书馆借的书逾期未还时，不该这样问：

"你去图书馆还书了吗？你确定？那它怎么还在你桌上？"

我们应该直接说：

"我看到你从图书馆借的书过期啦。"

当我们接到学校通知，得知孩子数学考试没过时，不该这样问：

"你数学考试过了吗？你确定？呵呵，这次撒谎也保不住你！我们和老师已经谈过了，知道你考得很糟。"

我们应该直接告诉孩子：

"数学老师告诉我们，你这次考试没过。我们很担心，不知道该怎么帮你。"

简单来说，我们不能让孩子为了自我辩解而撒谎，也不应该刻意制造让孩子撒谎的机会。 如果孩子真的说了谎，我们不应该情绪失控、唠叨不休，而是要根据实际情况进行具体分析和处理。**我们希望孩子知道，在父母面前没有必要说谎。**

如何应对偷窃行为

孩子把不属于自己的东西拿回家，这样的事情并不少见。当父母发现孩子"偷窃"时，父母不应说教，也不该装腔作势。这样做可以在维护孩子尊严的同时引导他们走上正路。只需冷静且坚决地告诉他们："卡车是别人的，还给他。""玩具枪不是你的，还回去。"

当孩子把"偷"来的糖果放进自己的口袋时，最好的办法是不动声色地对他说："你左边口袋里的棒棒糖得留在店里。"如果孩子否认自己拿了糖果，我们可以指指他的口袋，再重复这句话："你左边口袋里的棒棒糖得留在店里，把它放到货架上去。"如果他拒绝照做，我们就把糖果从他口袋里拿出来，说："糖是商店的，就该留在这。"

如果你的孩子从你的钱包里偷了钱,最好这样问:"你从我包里拿了一块钱,把它放回去。"钱还回来后,应该严厉地告诉孩子:"如果你需要钱,可以问我要,我们可以商量的。"如果孩子拒不承认,我们不要和他争论,也不要要求他坦白;只需告诉他:"你拿了钱,还回来。"如果钱已经花掉了,那么谈话的重点应该放在赔偿方式上,比如做家务或扣零花钱。

很重要的一点是,不要把孩子叫作小偷、骗子,也不要预言说他们以后会进监狱。问孩子"为什么这么做?"也没有任何帮助。孩子自己可能都不知道为什么,他们只会迫于压力去编织另一个谎言。告诉孩子你希望他主动向你商量要钱,可以用以下更有用的说法:"我很失望,因为你没有告诉我你需要一块钱。""如果你需要钱,直接来告诉我,我们可以商量。"

如果孩子偷吃了罐子里的饼干,脸上还沾着糖渍,不要直接问这种问题:"谁拿了罐子里的饼干?""你是否看到任何人拿了饼干?你吃过吗?你确定吗?"这样的问题通常会逼迫孩子撒谎,并且只会让我们感到更加难受。因此,更好的做法是直接告诉孩子:"儿子,你吃了饼干。我曾经告诉过你不可以吃。现在我很生气、很失望。"这句话中包含了适当的惩罚，足以让孩子感到内疚并想要采取行动来弥补自己的错误。

教育孩子懂礼貌：是粗鲁训斥还是礼貌教导？

礼貌既是一种品格特征，也是一项社交技巧；如果父母本身懂得如何表现礼貌，孩子就能通过模仿他们的行为举止来学习礼貌。不管在什么情况下，都必须用礼貌的方式来教授礼貌。无论在何种情况下，都应该用礼貌的方式教授孩子如何表现出礼貌。例如，当孩子忘记说"谢谢"时，父母不应该当着其他人的面指出这个错误，因为这样做本身就是不礼貌的。此外，在父母自己还没有道别之前就急匆匆地提醒孩子说"再见"也是不恰当的行为。

六岁的罗伯特刚收到一个包好的礼物。他满心好奇，用手挤压着盒子，想知道里面装的是什么。

妈妈："罗伯特，住手！你会把礼物弄坏的！当你收到礼物时该说什么？"

罗伯特："谢谢！"

妈妈："这才是乖孩子。"

罗伯特妈妈本可以更加温和地教导孩子如何表达感激之情，而且效果也会更好。她本可以说："向帕特丽夏姑妈说声谢谢吧，她送了这么漂亮的礼物。"可想而知，罗伯特或许也会跟着妈妈道谢。如果他没有这么做，妈妈也可以之后私下教教他社交礼仪。例如："帕特丽夏姑妈很贴心能想到你并给你送礼物。我们应该写封感谢信来表达我们对她的感激之情。如果她知道我们记挂着她一定会很高兴。"虽然这种方法比直接训斥更复杂，但效率更高。**毕竟生活中美好的艺术是无法用拳头传递的。**

当大人在说话时，如果孩子插嘴了，通常会引起大人的不满和生气。他们会说："你这样很无礼！打断别人讲话是不礼貌的！"然而，打断别人发言同样也是不礼貌的行为。父母在要求孩子懂礼貌时，不能用粗鲁的方式。这样说或许更好："我想先说完我要说的话，然后你再说。"

和父母的愿望相反，仅仅指责孩子粗鲁并不能使他们变得有礼貌。这么做的风险在于，孩子可能接受我们对他们形象的评价，并认为自己就是一个粗鲁无礼之人。一旦他们认定自己如此，则会继续保持下去。

到朋友或亲戚家做客是向孩子示范礼貌举止的大好机会。出门拜访对于父母和孩子来说应该是愉快的，而要想玩得开心，最好的方法就是把对孩子负责的重担交给孩子自己以及主人。（父母的帮助则仅限于表达对孩子愿望和感受的理解。）

孩子知道我们不愿意在别人家里训斥他们，因此他们会利用这种地理优势，在那些地方调皮捣蛋。破解孩子战术的最好办法，就是让主人制定他们家的规矩，并且由主人来执行。当孩子在玛丽阿姨家里的沙发上跳来跳去时，让玛丽阿姨来决定沙发是不是可以跳，并且由她来制定限令。孩子更容易遵守由外人制定的限令。妈妈可以从管教角色中解脱出来，并单独重述限令以帮助孩子："这是这里的规矩。"

这种策略只有在主人和客人就各自的责任范围达成一致时才能实施。对主人来说，要求遵守他们家的规矩既是他们的权利，也是他们的责任。而对于上门拜访的父母来说，他们的责任则是暂时放弃纪律委员的角色。父母适时地不插手，就可以帮助孩子更好地理解实际情况。

第四章

责任感与独立性

培养责任感：做家务与树立价值观

世界各地的父母都在寻找培养孩子责任感的好方法。许多家庭选择给孩子分配日常家务。他们让男孩清理垃圾、修剪草坪，叫女孩洗碗、铺床，认为这样就能让孩子学会负责任。家务活对于家庭管理来说固然重要，但它们对于培养孩子的责任感来说其实并无好处。相反，它们是某些家庭日常争吵的源头，只会给亲子双方带来痛苦和愤怒。强迫孩子做家务或许能让他们乖乖听话，把厨房和院子打扫得更干净，但可能会对孩子性格的塑造产生不良影响。

显然，培养责任感不能靠强迫，只能由内而外，由家庭和社区的价值观提供养分和指引。 消极的价值观可能会培养出反社会的、破坏性的责任感。流氓无赖往往对彼此和帮派表现出极大的忠诚和高度的责任感。就拿黑手党成员来说，他们恪尽职守，不但会严格执行命令，为有需要的同伙提供法律援助，还会照顾囚犯的家人。

我们既希望自己的孩子成为有责任感的人，又希望他们的责任感来自终极价值观，这种价值观教他们敬畏生命、关注人类福祉。换句话说，责任感必须建立在尊重生命、自由和追求幸福的基础之上。因此,我们通常会从更具体的方面来考察孩子是否有责任心:是否整理房间、准时上学、认真完成作业、愿意练习钢琴以及表现得礼貌等。

然而,即便是懂礼貌、讲卫生、作业精准无误的孩子,**仍然会有不负责任的时候**。对于那些总是被牵着鼻子走的孩子来说,则更容易发生这种情况。这类孩子几乎没有机会做出自己的判断和选择,也无法树立自己内心的标准。

孩子的学习效果取决于他们对于父母的教导所产生的内在情绪反应。我们没法把价值观直接教给孩子。只有当孩子认同并模仿自己喜爱和尊重的人时,价值观才能成为他们内心深处不可分割的一部分。

因此,孩子的责任感问题又回到了父母身上,或者更准确地说,回到了父母在养育孩子之时所体现的价值观上。现在要考虑的问题是:有没有哪些明确的态度和做法可能帮助孩子培养出一种理想的责任感?本章余下部分将尝试从心理学的角度来解答这个问题。

预期目标与日常行动的差距

孩子的责任感始于父母的态度和技巧。态度包括允许孩子有感受；技巧包括有能力向孩子示范合理方式，以应对各种感受。

然而，实现这两个要求却十分困难。关于如何处理情绪，我们从自己的父母和老师那里学到的尚且不够。这些人自己都不知道如何去应对强烈的感受。碰到孩子情绪爆发时，他们只会试着去否定、否认、压制或美化这些情绪。他们每次只会说些没什么帮助的套话："你嘴上这么说，心里才不是那么想的；你知道的，你其实是爱弟弟的。""这不是你的真实感受，而是你身体里的恶魔在捣乱。""你要再说一个'恨'字，我可就狠狠揍你了。好孩子是不会有这种想法的。""你并不是真的恨弟弟，你可能只是不喜欢他。你应该克服这种感受。"

说出这种话就等于是忽略了这一事实：情绪好比滔滔江水，只能疏，不能堵。强烈的情感就像密西西比河上涨的洪水一样客观存在，不受人意志控制。对于这些情感，视而不见只会招致灾难。必须承认它们的存在，认可它们的力量。必须以尊重的态度对待它们，以巧妙的方式转换它们。通过这种引导方式，这些情感才可能成为我们生活中令人兴奋、轻松和愉悦的元素。

目标很远大，但问题依然存在：我们该采取哪些措施来弥合预期目标与日常行动之间的鸿沟？我们该从何处开始着手呢？

长期规划与短期规划相结合

答案是要制定一个长短期相结合的规划。首先，我们必须清楚认识到品格教育取决于我们和孩子之间的互动，品格特征无法简单地口头传授，必须通过亲身示范来实现。

在长期规划中，第一步是父母要下定决心去关注孩子内在的想法和感受，而不仅仅只盯着他们外在表现是否服从或反抗。

那么如何察觉孩子所思所感呢？孩子会给我们留下线索。他们的内心感受会从言辞、语调、手势和姿态流露出来。我们所要做的，就是用耳朵去听，用眼睛去看，用心去感受。在这个过程中我们应该牢记这样一句座右铭：我

要理解并表现出我的理解，我不要再自然而然地去谴责和批评。

当孩子放学回家时，如果他们一言不发、反应迟钝、拖拖拉拉，我们可以通过观察他们走路的姿势来判断是否遇到了不开心的事情。根据上述座右铭，在与孩子交谈时使用批评性语言是不可取的。比如：

"你一幅讨人嫌的样子是怎么回事？"

"你这是什么表情？"

"你做什么了，跟最好的朋友吵架了？"

"你这次又做了什么事？"

"你今天又惹了什么麻烦？"

既然我们要关注孩子的感受，就要避免使用那些只会让孩子感到憎恨或希望世界毁灭的话语。相反，要想表现得通情达理，父母可以这样说：

"你遇到不开心的事啦。"

"今天似乎不太顺利呢。"

"你今天过得不太愉快啊。"

"有人让你不开心了。"

比起用疑问句问孩子"你怎么了？发生什么了？"，陈述句的效果要更好。疑问句表达的是好奇心，而**陈述句传**

递的是同情心。

孩子是从生活中学习的，这是不争的事实。生活在批评声中的孩子学不会责任感。相反，他们学会的是自我谴责、吹毛求疵。他们会怀疑自己的判断，贬低自己的能力，猜疑他人的意图。最主要的是，他们会学会在日常生活中保持消极心态。

从战争到和平

那些因家务、任务而与孩子陷入战争的父母应该认识到，这场仗是打不赢的。**我们可以强迫孩子，但孩子有更多的时间和精力来反抗我们**。即使我们打赢了，顺意了，孩子也可能为了报复而变得消沉、神经质甚至行为叛逆或者走上犯罪之路。

唯一能够取得胜利的方法是让孩子心服口服。这个任务看似不可能，但其实只需要稍加努力就能做到。即使我们目前还没有和孩子建立良好的关系，未来也有机会达成这个目标。

父母可以通过以下方法给孩子带来积极的变化：

1. 当父母表现得对孩子的想法和感受漠不关心时，孩子会感到失望和憎恨。最后，孩子就会得出这样的结论：我的想法愚蠢且不值得重视；我既不可爱也没人喜欢我。

而那些用心倾听孩子说话的父母，传达给孩子的信息则是：你的想法是有价值的，你是受人尊重的。这种尊重会带给孩子一种自我价值感，并让他们更有效地处理周围事物及人际关系。

2. 父母应自觉避免使用那些会招致厌恶和憎恨的话语：

"你不但给学校丢脸，还让家里蒙羞。"

"你以后会进监狱的，那就是你的下场。"

"安分点，不然就别想要零花钱了。"

"你第一个惹麻烦的人。"

"闭嘴，听我说。"

3. 遇到麻烦时，父母若能表达出自己的想法和感受，而**不攻击孩子的品格和尊严**，这样会有效得多。

当父母用心倾听，正常表达自己的感受和要求，而不再出口伤人时，孩子会感到被理解并与父母更亲近；**父母公平、体贴、礼貌的态度，也会得到孩子的注意和模仿**。这些变化不可能一蹴而就，但是努力终会获得回报。

一旦采用了这些态度和做法，父母培养孩子责任感的任务就完成了一大半。但是，光靠榜样的力量是不够的。**要想习得责任感，孩子自己也需付出努力，亲身实践。**在父母以身作则，为孩子创造了良好学习心态和氛围的同时，特定的实践经历可以巩固孩子的学习成果，使之成为孩子个性的一部分。因此，按照孩子心智成熟的不同程度，给他们分配特定的任务是很重要的。

培养责任感：让孩子发言并做出选择

责任感既不是孩子生来就有的，也不是到了一定年龄就会自动获得的。培养责任感好比学弹钢琴，其过程是缓慢的，需要付出多年的努力。要想锻炼孩子的判断能力和选择能力，就得从日常抓起，给孩子找一些适合他们年龄和理解力的事情。

责任感的培养可以从小抓起。培养孩子的责任感，就是要允许孩子在关乎自己的事情上发言，如有必要，还要让他们自己做出选择。这里**需要明确区分发言与选择之间的差异**。对于那些完全属于孩子个人责任范围内的事情，他们应该有权进行选择；而对于那些虽然属于父母责任范围内但会影响到孩子利益的事情,则应该给予孩子发言权但没有选择权。这种情况下,我们在帮助孩子接受事实的同时,还要替他们做出决定。

需要弄清的是这两大责任范围的区别。让我们来考察几个常见的、会引起孩子和父母冲突的领域。

让孩子决定自己吃什么

小到两岁的孩子,我们可以问他想要半杯牛奶还是整杯牛奶。四岁的孩子,我们可以让他选择要半个苹果还是整个苹果。到了六岁,孩子可以自己做出决定,鸡蛋是要嫩一点还是老一点。

我们应该故意制造一些场景,让孩子自己做决定。这样父母就成了观察者而不是命令传达者。不要问孩子这样的问题:"你早餐想吃什么?"而应该这样问:"你想吃炒鸡蛋还是煎鸡蛋?你的面包要不要烤?你的麦片粥是要热的还是凉的?你想喝橙汁还是牛奶?"

上述问题能传达给孩子这样的信息:他们需要对自己的事情担负一定的责任。孩子不单单是一个命令接收者,还是给自己人生做决定的参与者。孩子应该能从父母的态度中清楚地明白：**我们给你提供了很多选项——你的责任就是自己做出选择。**

孩子在饮食方面遇到的问题通常是由父母造成的。父母往往会将自己的个人口味强加给孩子，不断地嘱咐他们吃某种蔬菜，并告诉他们这种蔬菜对身体有多么好处（完全没有科学依据）。然而，最好的方式是让孩子根据自己的胃口和需求来选择食物，而不要过于执着于特定食品。只要提供营养丰富、美味可口并符合医生建议的食物即可。**显然，孩子应该对自己的饮食负责任。**

让孩子自己选衣服

在给孩子买衣服时，父母有责任决定他们需要穿什么样的衣服以及花费多少钱。进店后，我们可以先从价格和款式出发，挑几件我们能接受的，再让孩子选自己喜欢的那件穿。这样的话，哪怕是只有六岁的小孩子，也能自主选择穿什么样的袜子和衬衫——从父母已经挑好的来选。然而，在很多家庭中，孩子没有这种体验并且缺乏培养技能的机会。实际上，许多人即便长大成人，在无人陪同做参谋的情况下，还是不会给自己买衣服。

特别是对于大一点儿的孩子来说，应该让他们迎合朋友圈里流行标准去自主选择穿着。如果当年班上流行的是蓝色羊皮鞋，而孩子穿的是棕色皮鞋，那么他就会遭受（或许本可避免的）同学的攻击和嘲笑。父母应该对孩子口中的"时髦"和"老土"有所意识。衣服的责任范围应该如下界定：**我们来挑，孩子来选**。

如何看待家庭作业

从小学一年级开始，父母就应该表现出这样的态度：家庭作业是孩子和老师的事。父母不应该因为家庭作业跟孩子唠叨不休。除非孩子请求，父母也不应该监督或者检查孩子的家庭作业。[①]一旦父母在孩子的要求下接管了家庭作业的责任，那么他们就再也无法摆脱这一束缚。家庭作业可能成为孩子手中的武器，用来惩罚、敲诈和利用父母。如果父母对孩子作业中的各项细节少点关注，并且明确告

---

① 作者十分清楚，这一策略或许与老师的要求相悖。

诉他们:"家庭作业是你自己的事,你做家庭作业就像我们工作一样。"这样的态度既会给家庭生活增添许多乐趣,还能避免不少苦恼。

不应高估低年级家庭作业的价值。许多优秀的学校不会给年幼的孩子布置家庭作业。与那些作业缠身的六七岁孩子比,这些学校的学生获得的知识是一样多的。家庭作业的主要价值在于给孩子提供自己动手的经历。然而,要实现这一价值,作业的难度就必须与孩子的能力相适应,这样他们才能在没有他人帮助的情况下独立完成。**直接帮助孩子只会给他们传达这样的信息:单靠自己是没法解决的。**不过,间接的帮助或许不无用处。举个例子,我们可以帮助孩子打造私人空间,为他们准备一张合适的书桌,还有几本参考书。我们也可以根据季节的不同,帮助孩子找到最佳的做作业时间。在温暖的春、秋日午后,孩子肯定是先一门心思想到玩,然后才是家庭作业(但愿他们能想到)。在寒冷的冬日,家庭作业必须是第一位的,要看电视,也应该是在做完作业之后。

有些孩子做作业时,喜欢待在家长身边。或许可以允许孩子在厨房或者餐厅的桌子上做作业,但**不要评论他们的坐姿,不要数落他们不够整洁的外表,也不要叮嘱他们要**

小心家具。

还有些孩子做作业时，可能会咬铅笔、挠头或者晃椅子。我们要是唠唠叨叨，不让他们这么做，只会干扰他们的思维过程并使其更加烦躁。

孩子做作业时，我们不应该在一旁提问题或者吩咐什么小任务去打断他们，这些问题和差事可以等他们做完作业之后再提出来。我们应该站在幕后，给孩子提供安慰和支持，而不是指导和援助。我们可以偶尔帮孩子阐明某个问题，或者解释某个句子。但是，我们应该避免说这样的话："如果你注意力集中就不会忘记作业了""要是上课听讲了，你就知道作业该怎么做了"。

我们应该少向孩子提供帮助，多向孩子展示同情心。倾听比说话更重要。**我们可以帮孩子指明方向，但希望他们能凭借自己的力量抵达终点。**

父母对待学校和老师的态度可能会影响孩子对待家庭作业的态度。如果父母习惯性指责学校、贬低老师，那么孩子心里最终也会这么想。

父母应该支持老师的立场，赞成有关负责家庭作业的方针。

老师很严格时，父母可以借机向孩子表示同情：

"这一年可不轻松——这么多作业！"

"今年真不好过。"

"他一定是个严格的老师。"

"我听说他要求很多。"

"我听说他对待家庭作业尤其严格，我猜今年会有很多家庭作业。"

不要每天在家庭作业的问题上朝孩子发火，这一点很重要："听着，雷吉，从现在开始，你每天下午都要做拼写作业——星期六和星期天也不例外。不许再玩了，也不许看电视。""罗杰！老是要让我来提醒你写作业，我都烦透了。爸爸会来检查你有没有认真做作业，我们可不想家里出个文盲。"

在对待家庭作业的问题上，威胁和唠叨是父母常用的方式，这让他们觉得自己好歹做了点什么。但实际上，**这样的警告不仅无用，反而会起反作用。它只会制造紧张气氛，并最终引起亲子间的怒火。**

许多有能力的孩子在家里写作业拖沓，在学校成绩落后，这是他们无意识地反抗父母期望的表现。在长大成熟的过程中，孩子需要获得一种个体感，需要摆脱爸爸妈妈的束缚。当父母过分关注孩子在学校的成绩时，孩子的自主性就会受到干扰。如果父母想要的王冠镶满了作业和高分的钻石，那么孩子潜意识里更想带回家的可能只是一只草环，至少那是他们自己做的。达不到父母的目标，反而会让这些小小叛逆者们获得一种独立的感觉。因此，孩子可能会为了追求个性和与众不同，而不顾父母的压力和惩罚，最终走向失败。正如某个孩子所说："他们可以拿走电视，取消我的零花钱，但是他们抹不掉我不及格的分数。"

显然，抵触学习这一问题并不简单，单靠施软或施硬并不可行。不断增压可能会加剧孩子的抵触心理，而放任的态度可能会让孩子觉得父母心宽，能接受自己的不成熟和不负责任。因此，根本没有轻而易举、立竿见影的方法。

有些孩子可能需要心理治疗才能摆脱对于父母的反抗心理，学会从优异而非糟糕的成绩中获得满足。还有些孩子可能需要他人的心理辅导。我们的目标是要让孩子知道，他们本身是独立于父母之外的个体，要为自己的成败负责。当我们允许孩子怀揣自身的需要和目标，独立地体验自己的人生时，他们就开始承担起了责任，要为自己的生活及生活所需负责。

孩子的音乐课

家里有孩子演奏乐器时,父母早晚会听到这段熟悉的曲调:"我不想练了。"要想客观地对待这段"退堂鼓",可不是一件容易的事。

有些父母记得自己吃过被迫上课的苦头,便决定不让孩子再受同样的罪。练,还是不练,这不是他们的问题:而是孩子的问题。在这种家庭里,孩子有权决定要不要练。孩子想练就练,上不上课全看心情。除了支付学费之外,所有与音乐相关的事情都是孩子自己的责任。

而另一些父母则对自己曾经过于放纵的音乐之路耿耿于怀,他们决定无论发生什么,孩子都得练。甚至在孩子出生之前,父母就已经为他们选好了将来要学哪种乐器。一旦孩子拿得动小提琴,能吹喇叭,或是能敲钢琴了,就得开始练习事先决定好的乐器。愤怒和眼泪不会被理睬,反抗也只能换来压制。父母的态度很明确:"我们出钱,你们出力。"在这样的情况下,孩子可能学有所成,也可能前功尽弃。然而,整个计划的代价实在太高了。如果长期扰乱亲子关系是其中的后果之一,则这个代价就更加不可接受了。

童年时期的音乐教育主要目的是为情感提供有效出口。孩子的生活中充满着各种各样的束缚、管制和挫折，排遣的渠道不可或缺。音乐就是最好的发泄途径之一：它能表达愤怒，传递欢乐，放松紧张的神经。

然而，父母和老师通常不会从这个角度来看待音乐教育。他们大多数人寻求的是重现优美旋律的技巧。如此一来，孩子的表现和品格就会无可避免地成为评价和批评的对象。不幸的是，结局总是类似的：孩子试图放弃课程，逃避老师，终止音乐"生涯"。废弃的小提琴，上锁的钢琴，还有无声的长笛——许多家庭的乐器最终都成了痛苦的回忆，只会令人想起那些受挫的努力和未竟的希望。

那么父母应该怎么做呢？父母的任务就是找一位亲切、体贴的老师——一个不仅精通音乐，还了解学生的老师。老师掌握着让孩子对音乐保持持续兴趣的钥匙，既能打开机遇之门，也能关上机遇之门。老师最重要的任务是要获得孩子的尊重和信任。如果做不到这一点，老师就无法胜任指导工作：孩子不可能从自己厌恶的老师那里学会热爱音乐。比起乐器，老师更能在情感上引起孩子的共鸣。

为避免不必要的麻烦，老师、父母和孩子应详细讨论一些基本规则并达成一致。比如：

1. 不得无故停课，取消课程须在约定时间前一天告知老师。

2. 如果约好的课程必须取消，要由孩子亲自打电话告知老师。

3. 在决定上课时间和练习进度时，可以给孩子留有余地。

这些规则不仅能阻止孩子在最后一刻"情绪化"地取消课程，还有利于培养他们的责任感和独立性；同时还向孩子表明，我们重视音乐，但更重视他们的想法和感受。

不应该因为练习的事情而对孩子唠叨不休，也不要提醒孩子乐器有多贵，爸爸工作赚钱有多辛苦。这样做只会让孩子感到内疚和憎恨，既不能提高他们的音乐天赋，也不会增加他们对音乐的兴趣。

父母应该避免向孩子预测他们"杰出的"音乐天分。下面这样的话其实是非常打击人的："你有着非凡的天赋，只要善于运用就好。""你只要专心，就能成为第二个伦纳德·伯恩斯坦。"

孩子可能会觉得维持父母幻想的最好办法就是不给他们检验的机会。他们的座右铭可能会变成："不尝试，就不会让父母失望。"

孩子最受鼓励的时候，是他们知道父母能理解自己难处的时候。

六岁的罗斯林在上第三次钢琴课时,老师要求她尝试用两只手弹一个八度的八音符。老师非常熟练地向她演示了一边,说:"看,这很容易。现在你来试试。"罗斯林不情愿地、笨拙地伸出手指。她尝试着模仿老师,结果却不太成功。这堂课结束后,罗斯林回到家,感到非常气馁。

练习时,妈妈说:"用一只手弹八个音符就很不容易了,两只手弹更难。"罗斯林欣然同意。她坐到钢琴边,慢慢地用恰当的手指弹出了正确的音符。妈妈说:"音符对啦,手指也没错。"女儿显然非常满意,回答说:"真的很难。"那天罗斯林不停地练习,超过了原先约定的时间。那周,她还给自己制定了更难的任务,直到自己蒙着眼睛也能弹出八度时,她才满意。

当孩子面临困难时,比起提意见、说好话或者当场给出现成的解决方案,同情和理解更容易鼓励孩子。

让孩子合理支配零花钱

在现代家庭中,为孩子购买食物和衣服等必需品是理所当然的,因为孩子是家庭的一员。零花钱既不是表现良好的奖励,也不是家务劳动的报酬。它是一种教育手段,有明确的目的:**给孩子提供用钱的经历,并从中锻炼孩子的选择能力,增强孩子的责任感**。因此,过度监督孩子零花钱的使用,反而无法达到这一目的。我们所需要做的是,制定一个大体的方针,规定零花钱的支出范围:车票、午餐、学校用品等。随着孩子年龄的增长,零花钱的数额也要增加,以应付额外的开支和花费,例如:会员费、娱乐消费、衣物饰品等。

乱花钱的情况当然存在。有些孩子控制不好预算,花钱时大手大脚,给的钱很快就挥霍一空。对于这种乱花钱的行为,父母应该与孩子严肃商讨,找出双方一致同意的解决办法。再提到花钱太快的问题,或许有必要以一周两到三次的频率,分批把零花钱交给孩子。零花钱本身不应该成为悬在孩子头上的大棒,以此对他们施加压力,要求他们成绩优异,或者乖乖听话。父母也不应该一怒之下就停发零用钱，或者一时高兴就随意增加零花钱。

什么是合理的零花钱？这个问题没有放之四海而皆准的答案。零花钱应该符合我们的预算，不要参考邻居家或其他标准来决定孩子的零花钱数额。如果孩子抗议，我们可以真诚地、充满同情心地告诉他们："我们也希望能给你更多零花钱，可是我们预算有限。"比起费力劝孩子说他们真的不需要那么多钱，这个方法要好得多。

金钱就像权力一样容易被缺乏经验的人误用。因此，孩子掌握自己支配范围内的金额非常重要。从少量给起，再时常进行调整，要比一次性给孩子很多钱，增加他们的负担要好得多。孩子步入校园，学会了数钱和找零时，就可以开始给他们零花钱了。零花钱有一个必不可少的条件：在固定的支出之后，余留下来的零钱应该归孩子自己保存或自由支配。

让孩子决定和谁一起玩

理论上来说，我们想让孩子自己选择跟谁交朋友。我们信仰自由，反对压迫。同时，我们也明白在民主国家中，自由交往是一项基本权利。然而，孩子带回家的"朋友"经常让我们觉得难以接受。虽然我们可能不喜欢那些持强凌弱的恶霸、满口大话或者爱哭鬼等类型的人，但除非他们真正影响到了孩子或者引起了我们的不适，否则在出手干预之前，最好还是先观察一下孩子自身的偏好和吸引力。

我们该用什么样的标准来评价孩子对于朋友的选择呢？

朋友之间应当规过劝善。孩子需要有机会跟与自己性格不同或互补的人交往。因此，内向的孩子需要更外向的朋友做伴；受到过度保护的孩子需要更加独立自主的玩伴；胆小的孩子需要跟更勇敢的孩子相处；幼稚的孩子可以从更成熟的玩伴那里获得益处；想象力丰富的孩子需要更平实的孩子来中和；攻击性强的孩子需要强壮但不好斗的伙伴来克制。我们的目的是鼓励有矫正作用的关系，让孩子跟那些与他们性格不同的朋友多多接触。

有些关系需要及时斩断。幼稚的孩子在一起，只能互相吸收对方的幼稚；好斗的孩子在一起，只会增强各自的侵略性；非常内向的孩子在一起，就没法参加你来我往的社交活动；违法的孩子在一起，可能会增强各自的反社会倾向。

必须特别小心那些美化犯罪行为的孩子，避免他们成为我们孩子的主要"朋友"。这些孩子"经验"丰富，可能因此在学校或者邻里之间获得英雄般的地位，但却是不受家长欢迎的典型。

　　孩子负责选择朋友，我们则负责确保他们的选择是有益的，这一过程需仔细考察，当心失衡。

让孩子帮忙照顾宠物

　　当孩子保证说要照顾宠物时，他们表达出来的只是良好的意图，而非真实的能力。虽然孩子可能需要、想要并且喜欢拥有一只宠物，但他们几乎没有足够的能力来妥善照顾它。照顾动物生活的责任不应该让孩子独自承担。为了避免失望和指责，最好假定孩子的宠物就是父母的任务。当孩子与心爱的宠物玩耍时会受益匪浅，并可以帮忙照料它们；但保证动物生命健康所需负起主要责任还应由成年人来承担。

给孩子自主权的表述方式

优秀的父母和老师一样，可以成为孩子心目中的榜样。他们与孩子建立了良好的亲子关系，能够引领孩子自主决定、自力更生。在与孩子交谈时，**我们可以有意识地使用一些句子，暗示我们相信他们有能力为自己做出明智的决定**。因此，当孩子对我们提出请求，我们可以巧妙地使用以下几种方式表示许可，来增强孩子的独立意识：

"如果你想这么做。"

"如果你真的喜欢的话。"

"你来决定吧。"

"这真的取决于你。"

"全由你做主。"

"不管你做出怎样的决定，我都没问题。"

直接回答一个"好"字，可能会使孩子满心欢喜，但是换种表述能让他们更加开心，因为他们既自己做出了决定，又取得了父母的信任。

第五章

纪律：宽容与约束

当前时代的不确定因素及其后果

在管教孩子这件事上，我们使用的方法与父辈有什么不同？父辈一向说一不二；而我们不论做什么都要犹豫再三。父辈就算是犯错了，也能表现得坚定不移。而我们哪怕是对的，行事仍然缺乏自信。对待孩子，我们总是迟疑不定。这种状态究竟从何而来？心理学家弗洛伊德的精神分析告诉我们，不幸的童年会带来高昂的代价。我们也生怕自己会害了孩子一生。

下面这封信来自一位母亲，她的文字可以为例：

"有些事情对我的影响很深，常常令我难以启齿。或许我可以把它们写下来。就算有哪些没说完的话，我相信您也一定能体会其中的言外之意。感谢您在教堂组织家长小组讨论活动，并且真心关注每个家庭问题。尽管对我来说，这次讨论还是有些美中不足，因为养育孩子的知识我是怎么也学不够的，但您有句话深深吸引了我，您说您知道没有父母会故意去做伤害孩子情感的事情，恰恰相反，父母这些行为都是不经意的。

"我们做父母的，没有谁愿意去做任何让孩子的精神、道德或情感出现问题的事情，可我们还是那样做了。我过去对孩子说了很多冒失话，也做过不少鲁莽事，想到这些，我就常常心痛不已，祈祷着不要再重蹈覆辙。可是，同样的过错也许不会再犯，但同样糟糕的事还是会发生，如此往复，最后我整个人都会疯掉，因为我怕自己害了孩子一辈子。"

这位母亲的真诚和关爱是无可置疑的。但是，如果她少一点内疚，多一点技巧，情况或许会有所改观。举个例子，一个看到断臂就哭、见血就晕的医生，只会让患者也跟着担惊受怕。我们需要专业能力与同情心兼备的医生，而不是只会感性用事、摇头叹气的人。**同样地，父母也可以学着以半职业性的方式来对待不成熟的孩子**。通过控制自己的情绪，很多纪律问题都可以迎刃而解。相反地，在这些问题上过于放任可能导致更严重的成果，并长期困扰父母和孩子，通常需要数年时间才能克服它们。

父母的需求和孩子的专横

父母一定爱孩子,但并不一定时时刻刻都迫切需要孩子的爱。 有些父母生儿育女是为了证明婚姻的正当性,或者领悟人生的意义,结果却往往陷入困境。因为担心失去孩子的爱,他们不敢拒绝孩子的任何要求,甚至放弃对家庭的掌控权。孩子觉察到父母对爱的渴望,就会毫不留情地对其加以利用。就这样,孩子成了暴君,统治着父母这对焦虑的仆人。

许多孩子学会了用感情来威胁父母,他们会赤裸裸地勒索道:"如果……我就不爱你了。"可悲的不是孩子发出的威胁,而是父母屈服于孩子的威胁。有些父母真的会被孩子的话所影响,他们哭着哀求孩子继续爱他们,为了安抚孩子,他们还会对孩子过分纵容。

宽容与过分纵容

什么是宽容？什么是过分纵容？**宽容意味着父母接受孩子的天真和不成熟**，认识到"孩子就是孩子"，干净的衬衫穿在正常的孩子身上没多久就会脏，孩子正常的活动方式是跑而不是走，树是用来爬的，镜子是用来做鬼脸的。

宽容的本质在于承认孩子有权享有各种情感和愿望，并且这些都应该得到尊重和适当表达。然而，如果表达方式具有破坏性，父母就要介入其中，引导孩子通过言语或者其他象征手段，把情感发泄出来。可以允许孩子使用如下的象征手段：画"难看"的画、朝某个目标扔飞镖、锯木头、击打真人大小的玩偶、把不好的愿望录在磁带上、作几首讽刺诗、写谋杀推理小说等。简而言之，宽容是对想象和象征行为的接受。而**过分纵容则是对不良行为的容许。宽容能够增强孩子表达自己想法和情感的信心与能力，而过度纵容则可能助长他们欲望，使其越界冒险。**

新方法：区别处理感情和行为

新式管教方法的基础在于，要对孩子的愿望、行为有所区分。**我们约束行为，但不约束愿望。**

大多数纪律问题包括两部分：愤怒的感受和愤怒的行为。这两部分必须区别处理。感受必须得到理解和表达，行为则可能要受到约束和纠正。

有时，理解孩子的感受本身就足以消除误会：

妈妈：你今天看上去很生气。

儿子：我的确很生气！

妈妈：你觉得心里不舒服。

儿子：你说得对！

妈妈：你在生某个人的气。

儿子：没错，那人就是你。

妈妈：跟我说说是怎么回事吧。

儿子：你没带我去看少年棒球联盟比赛，但是你带史蒂夫去了。

妈妈：是这个让你生气啦，我打赌你当时心里在想："她爱他超过爱我。"

儿子：没错。

妈妈：有时你真那么想。

儿子：当然了。

妈妈：你要知道，亲爱的，你有那样的想法时，可以来告诉我。

有时候需要设定约束。

当四岁的山姆想割掉猫的尾巴"看看里面有什么"时，妈妈虽然理解他的科学好奇心，但还是毫不含糊地阻止了他的行为："我知道你想看看它里面是什么样子，但是猫的尾巴是不能割掉的。让我们看看能不能找到一张图来告诉你它里面是什么样子。"

当妈妈发现五岁的泰德在客厅的墙上乱涂乱画时，她的第一反应是想揍他。可看到泰德害怕的样子，妈妈实在于心不忍。她说："不，泰德，墙不是用来画画的，纸才是用来画画的，给你三张纸。"接着妈妈就开始擦墙，泰德受宠若惊，他说："妈妈，我爱你。"

与此相对的例子则是："你在干什么？你怎么回事？你不知道不能弄脏墙吗？讨厌的小鬼，我真不知道该拿你怎么办。等着吧，等爸爸回家了，我要向他告状。你逃不了的。"

纪律管教：老办法与新方式的区别

新、旧管教方法有着巨大的差别。在管教孩子时，父母习惯于制止孩子的不良行为，却**忽略了引发这些行为的冲动**。父母可能会在愤怒争吵中对孩子施加约束，这些约束往往不合逻辑、前后矛盾，并且有损人格尊严。此外，父母还会在孩子最听不进去话的时候进行管教，用的也是最有可能激起孩子的反抗。这样的管教通常会给孩子带去悲观的情绪，他们会认为从具体行为来看，自己挨骂了，**甚至会怀疑自己的品格**。

现代方法可以帮助孩子同时解决情感和行为两大难题。这种方法要求父母允许孩子（在后文谈到的条件下）说出自身感受，同时约束和纠正孩子的不良行为。设置约束时，要维护亲子双方的自尊，要兼顾约束的教育意义和塑造性格的能力。

执行约束时，不能动用暴力，也不能大发雷霆。孩子肯定会对约束有所反感，这是可以理解的；**但不要因为孩子的反感而对他们施以额外的惩罚。**

通过这样的管教，孩子可能会自愿接受对于某些行为的必要约束和改变。从这个意义上来理解，父母的管教最终可能会**促进孩子自我管理能力的发展**。通过认同父母和父母所代表的价值观，孩子能获得自我调节的内在标准。

纪律的三大领域

对于可接受的和不可接受的行为，孩子需要一个明确的定义。知道行为的容许性范围时，孩子会更有安全感。用弗里茨·雷德尔博士提出的一个比喻来说，我们可以把儿童的行为分为三个颜色区域——绿色区域、黄色区域和红色区域。绿色区域包括**他人要求和许可的行为**，在这个区域里，我们可以坦率、和蔼地回应孩子"好的"。黄色区域包括不被许可，但出于特殊缘故而**可以容忍的行为**。这样的原因可能包括：

1. 给初学者犯错的机会。一个持有初学者执照的驾驶员，不会因打错转向灯而收到罚单。这种错误是可以容忍的，因为我们期望他们在未来改进。

2. 在困难时期给予容错空间。特殊情况下（如事故、生病、搬家、与朋友分离、家人去世或离婚）需要额外的容错空间。我们同意这样做，是因为我们理解困难时期需要新的调整。我们不会装作喜欢孩子某些行为；相反，我们用态度告诉孩子，某一行为只有在特殊情况下才会得到容忍。

红色区域涵盖了**无论如何都无法容忍的、必须制止的行为**，例如危及家庭幸福、威胁家庭成员身体健康和财务状况的行为，以及超出法律、道德或社会接受度而被禁止的行为。

禁止红色区域的行为与容许绿色区域的行为同样重要。 当允许孩子去做那些明知不该容忍的行为时，他们的焦虑感会增加。一个八岁的男孩在妈妈的允许下挂在公交的尾部搭车，他因此指责妈妈不爱他："如果你真的关心我，就不会让我冒着被摔死的风险。"另一个男孩则认为爸爸好坏不分，因为他由着自己随身携带弹簧刀。还有个男孩不再尊重父母，因为他们没有阻止自己的朋友瞎胡闹，最后让他的科学实验室毁于一旦。**年幼的孩子在应对不被社会所接受的冲动时，确实会倍感困难。** 父母必须成为孩子的盟友，帮助孩子控制这类冲动。父母可以通过设置约束来向孩子提供帮助。除制止危险行为外，约束还可以向孩子传达这样一条无声的信息："**不必害怕冲动，我会让你安全地探索世界。**"

设置约束的技巧

设置约束——与其他所有教育手段一样——都是过程决定结果。陈述约束时,应该清楚地告诉孩子**哪些是不可接受的行为,哪些是可接受的替代行为**。"你不可以扔盘子;你可以扔枕头。"或者颠倒语序,加强句子的强调作用:"盘子不是用来扔的;枕头才是拿来扔的。弟弟不是用来打的;玩偶才是用来打的。"

全面约束比部分约束更好。例如,"往妹妹身上泼水"和"不要往妹妹身上泼水"之间有明显区别。如果制定这样模糊含糊的规则:"只要别把她身上弄得太湿就可以向她泼点水",那么这种限制完全没有意义。话术过于模糊,孩子就没法得知明确的准则来做出决定。

陈述约束时,语气必须坚定,如此一来,传达给孩子的信息就只有一点:"这条禁令是真的,我是认真的。"**如果父母不太确定该怎么做,那就最好什么也不要做,先思考、弄清自己的态度**。在设置约束时,如果父母的态度模棱两可,就会陷入无休止的争论中。犹豫不决、支支吾吾地施加约束,只会让孩子犯难,最终双方都难以妥协。**陈述约**

束时该用什么态度，必须谨慎思考，既要把孩子的不满降到最低程度，还要保护好孩子的自尊。设置约束的整个过程应该传达权威，而不是表达侮辱。应该针对具体事件进行处理而非涉及整个成长历程。不要想着一劳永逸。以下事例展示的是不可取的做法：

八岁的安妮（Annie）和妈妈一起去逛了百货公司。妈妈买东西时，安妮在玩具柜台那儿闲逛，挑了最想要的三个玩具。妈妈回来后，安妮信心满满地问道："我能带哪个玩具回家？"妈妈刚花了一大笔钱买了一件自己并不是真的很想要的裙子，于是她脱口而出："还要玩具？你已经有那么多玩具了，多得你都不知道该怎么玩了，你看到什么东西都想要，是该学学控制欲望了。"

一分钟后，妈妈意识到自己突然发火的原因，她试图安抚女儿，买了一个冰激凌贿赂她，可安妮依旧一脸不高兴。

当孩子要求某个东西，而我们必须拒绝时，我们可以**至少不要打击他们的这份愿望。**因此，安妮的妈妈可以这样说："你能买一些玩具回家。""我打赌你自己能把整个玩具柜台都带回家。但今天没有买玩具的预算。不过，你可以用一块钱买个气球或买块口香糖，你选哪个，气球还是口香糖？"安妮可能会选择后者，而整个事件的结局可能是妈妈说:"安妮,去拿你的口香糖吧。"再或者,安妮可能会哭。无论是哪种情况,妈妈都要坚持自己的决定,坚持自己提出的两个选择。她可以对女儿想要玩具的愿望做出回应,并且表示理解——但一定不能松口打破约束。

"我知道你很想拥有那些玩具,并且非常渴望得到它们,所以才向我发脾气。我都明白,亲爱的,但是今天不能买玩具。"

针对具体事件施加约束时,可以采用不同的方法。以下是一种有效的四步法。

1. 父母看出孩子的愿望,并用简单的话说出来:

    "你希望今晚去看电影。"

2. 父母明确提出对某一具体行为的约束:

    "但是我们家的规矩是'有课的晚上不能看电影。'"

3. 父母指出至少能部分满足孩子愿望的方式:

    "你可以星期五或星期六晚上去看电影。"

4. 父母帮助孩子表达可能因限令而产生的不满情绪:

    "显然你不喜欢这个规矩。"

    "你希望没有这样的规矩。"

    "你希望规矩是这样说的:'每天晚上都可以看电影。'"

    "等你长大了,成家了,你肯定会改了这规矩。"

并非必须使用这个模板来约束孩子，这些话术并不总是有效的。有时，需要先说明约束的内容，再对孩子的感受做出回应。当孩子要朝妹妹扔石头时，妈妈应该说："不准朝着她扔，朝树扔！"通过指出树的方向，妈妈可以很好地转移孩子的注意力。接着，她就可以关注孩子的感受，并建议孩子用一些无害的方式来表达这些感受：

"你想生妹妹的气就生吧。"

"你可能气坏了，你心里可能很恨她，但你不应该伤害她。"

"如果你想朝妹妹扔石头的话，就把那棵树当成是她，然后对着树扔吧。"

"如果你愿意，你甚至可以画下她的脸，粘到树上，然后再扔石头；但是妹妹不能真的受伤。"

表达约束时，不要刺激孩子的自尊。**语言越简洁、越客观，孩子就越容易接受。**比起"你明明知道有课的晚上不能看电影""有课的晚上不能看电影"没那么惹人烦。比起"你还小，不该熬夜熬这么晚，上床去""该睡觉了"要更容易接受些。比起"你今天已经看了够多电视了，关掉电视""今天的电视时间到此为止了"要更好。比起"你最好别再冲着他大呼小叫了""别冲着彼此大呼小叫"更容易让孩子服从。

当约束内容指出的是某个物体的功能时，孩子会更愿意接受。"椅子是用来坐的，不是用来站的"比"不要站在椅子上"更好。"积木是用来玩的，不是用来扔的"比"不要扔积木"更好，也比"对不起，我不能让你扔积木，这太危险了"更好。

纪律问题与约束孩子的活动

小孩子的许多纪律问题，都产生于身体活动上的约束。

"不要跑——你就不能像个正常的孩子一样走路吗？"

"别跳来跳去。"

"坐直了。"

"你明明知道自己有两只脚，为什么还非得用一只脚站着呢？"

"你会摔断腿的。"

孩子的身体活动不应该受到过分约束。出于身心健康的考虑，孩子需要跑、跳、爬、蹦等运动。父母担心孩子弄坏家具，这一点可以理解，但是家具的安危不能比孩子的健康还重要。禁止儿童进行任何形式的身体活动将导致他们精神紧张，让他们表现得多动、好斗。

安排一个合适的环境，让孩子的身体得到活动并释放能量，是让孩子守纪律，也让家长更轻松的最佳方法，可惜这一点经常会被忽视。

如何约束孩子服从纪律

如果父母觉得自己做出的约束非常明确，而且表达时没有使用冒犯性的语言，那么孩子通常就会遵守。但孩子还是会时不时地打破规矩。问题是：当孩子违反了规定好的约束时，该怎么办？整个教育过程中，父母必须保持和蔼、坚定的成年人形象。对待违反约束的孩子，**父母绝不能跟他们争辩、啰唆**，既不要去讨论约束的公平性，也不应该为此做出过多的解释。没有必要向孩子解释为什么不能打妹妹，只要说："人不是用来伤害的。"也不用向他们解释为什么不能打碎窗户，只要说："窗户不是用来打碎的。"

当孩子打破约束时，因为害怕受到报复和惩罚，他们的内心会非常不安。在这个时候，父母不需要再去增加孩子的不安。父母必须给孩子传递力量——**如果话太多，反而只**

会让自己显得孱弱。有时候，在这样的情况下，孩子其实需要大人来帮助自己体面地控制欲望。

下例展示的约束方法不太理想："我明白了，你非得惹得我大喊大叫才满意是吧？不然我就狠狠揍你一顿！你再扔一个东西，我就让你好看！"其实这位妈妈要是不说这些威胁和保证的话，反而可以更有效地表达出她真的很生气：

"看到这个我很生气！"

"这样弄得我很生气！"

"这让我气极了！"

"这些东西不是用来扔的！球才是用来扔的！"

在执行某项约束时，父母必须小心不要去与孩子进行意愿上的拉扯、较量。

乌苏拉："我喜欢这里，我现在不要回家，我要再待一个小时。"

爸爸："不行。"

这样的回答可能会带来两种让人不快的结果：孩子输或者父亲输。与其盯着孩子反抗权威的一面，**不如关注她想继续待在游乐场的愿望**。例如，爸爸本可以说："我知道你很喜欢这里，在这里多待一会儿肯定更好。但是现在时间到了，我们必须回家。"如果一两分钟后，乌苏拉还是坚持要留下来，爸爸可以牵住她的手，或者抱起她，直接离开游乐场。对于小孩子来说，行动经常比言语有效得多。

决不能允许孩子打父母

永远不能允许孩子打父母。这种身体攻击对孩子和父母都非常有害，会让孩子觉得焦虑，担心父母的报复，让父母感到愤怒，觉得孩子可恨。这条约束之所以必要，是因为它能省去孩子的负罪感和焦虑感，以免父母对孩子产生情感上的隔阂。

我们有时会看到这样一幕不太体面的场景：某个妈妈为了不让孩子踢自己的小腿，而让孩子退而求其次去打她的手。"你可以轻轻打我一下，但是你不能真的打痛我，"一位三十岁的妈妈一边哀求着，一边向四岁大的儿子伸出她的胳膊。有人忍不住插嘴道："别这样，女士，这么做是有害处的，孩子打你还不如你打孩子。"

这位妈妈本应该立即阻止孩子："不许打，我不准你这么做。""感到生气的话，你可以直接告诉我。"这条不许孩子打父母的约束在任何情况下都不得更改。有效教养的基础就在于，亲子之间要相互尊重，且父母绝不能放弃自己身为成人的角色。告诉孩子"打但不能打痛"的那位妈妈，其实是在要求孩子自行体会其中的细微区别。孩子听了这话，会不禁想测试一下禁令，看看玩闹和真正伤害之间的区别。

打孩子的危害

打孩子这种行为虽然会落得个坏名声，但依旧是父母管教孩子的常见方法。当威胁和讲道理等方法无效时，父母通常会诉诸暴力。这种做法往往不是事先计划好的，而是在父母的忍耐值达到极限之后，暴怒之中做出的选择。打孩子似乎能起到一时的作用：它能释放父母心中郁积的紧张情绪，让孩子至少听话一段时间，就像有些父母说的那样："这么做能解气。"

如果打孩子真这么有效，那为什么我们还会对此感到不安？我们就是无法消除内心对体罚长期影响的怀疑。我们会对使用暴力感到有点尴尬，并且总是想着："应该有更好的解决问题的办法。"

打孩子的问题就在于它传达给孩子的东西。殴打会教给孩子应对挫折的不当方法，这种行为明显就是在告诉孩子："当你生气时——打人！"我们没有运用聪明才智，去为自己野蛮的情感找到文明的发泄口，反而让孩子们尝到了混乱的滋味。

体罚最大的副作用之一，就是可能会阻碍孩子良知的发展。殴打可以轻而易举地消除孩子的内疚感：孩子已经为行为不良付出了代价，便可以随意再犯。据塞尔玛·弗雷伯格所说，孩子会发展出一种"记账"的方法来干坏事：这种方法允许孩子做错事，记在账上，然后用每周一次或者每月一次的挨打来分期付账。每隔一段时间，他们就会激怒父母，然后被父母打。父母说："有时候，他们会直接要求受罚。"

主动要求受罚的孩子其实是需要父母来帮助他们控制内心的愧疚和愤怒，而不是顺应他们的要求。这个任务并不轻松：在有些情况下，开诚布公地讨论孩子的过错，就可以减轻孩子的内疚和愤怒。而在另一些情况下，父母需要不加批评地接受孩子的冲动，但是不能对孩子的行为毫无约束。这样一来，孩子的冲动就能够找到合适的象征出口。当孩子有了表达内疚和愤怒的更好方法，父母也学会了设置和执行约束的更好方法时，体罚就没那么必要了。

第六章

孩子生命中的一天

文明社会把父母塑造成了"扫兴者"的角色，他们必须对小孩子的许多最大乐趣说不：不能吸拇指、不能摸私处、不能挖鼻子、不能玩粪便，还不能制造噪音。对婴儿来说，文明是冷酷无情的：它提供的不是柔软的乳房，而是坚硬的罩杯；不是即时的抚慰和温暖的尿布，而是冰冷的奶瓶和自我约束的要求。

如果孩子要成为社会人，有些限制就是不可避免的。然而，父母不应该过度发挥文明警察的作用，以免招致本可避免的怨恨和敌意。

"早上好"

父母不应该每天早上去叫醒孩子上学，因为孩子讨厌被打扰睡眠和破坏美梦的父母。他们害怕父母来到他们的房间，掀开他们的被子，然后说出这句话："快起床，迟到了。"用闹钟来叫醒孩子对双方都有好处，闹钟可比孩子眼里的"闹钟妈妈"或"闹钟爸爸"要好多了。

八岁的伊冯早上总是起床困难，她每天都要在床上多待几分钟。看到女儿赖床，妈妈有时很和蔼，有时会发脾气，但伊冯还是一幅老样子：慢悠悠起来，臭着脸吃早餐，然后上学迟到。每天的争吵让妈妈感到心累和不满。直到妈妈给女儿送去一份意想不到的礼物——电子闹钟后，情况才有了显著的改善。伊冯在礼盒里发现了一张便条："伊冯，你不喜欢别人早上太早叫醒你，现在你可以自己做主啦。爱你的妈妈。"伊冯又惊又喜，她问妈妈："你是怎么知道我不喜欢别人叫醒我的？"妈妈笑着回答："我算出来的。"第二天早上闹钟响起时，妈妈问伊冯："现在还很早呢，宝贝，你怎么不再多睡几分钟？"伊冯从床上跳起来说："不了，我上学要迟到啦。"

孩子不容易醒，这并不意味着他们懒惰；孩子没有起床时兴高采烈，也不能说他们脾气差。我们不应该责备那些早上难以活跃、缺乏热情的孩子。与其让他们卷入争吵，不如让他们再继续享受宝贵的十分钟睡梦时间。为此，可以把闹钟调得稍早一点。在和孩子交流时要表达同情之情而非嘲笑或生气，并且要关注孩子的健康：

"今天真的很难早起。"

"躺在床上做梦真舒服。"

"再睡五分钟吧。"

这样的话语能够创造出温暖、亲密的气氛,让整个早晨都变得欢快起来。相比之下,下面这些话语只会带来冷漠、阴沉的气氛:

"起床,你这个懒东西!"

"立刻从床上起来。"

"天呐,你就是瑞普·凡·温克尔[①]再世吧。"

还有这些忧心孩子健康的话语:"你怎么还躺在床上?你生病了吗?哪里不舒服吗?你肚子痛吗?头痛?让我看看你的舌头。"这些话可能会让孩子觉得唯一能得到父母温柔关怀的方式就是生病。孩子可能还会觉得,父母这么和蔼地一样样问自己得了哪种病,要是一概否认,他们会失望的。为了让父母满意,孩子可能会装病。

时间紧迫

当孩子感到时间紧迫时,他们会自己加快速度。然而,

[①] 美国作家华盛顿·欧文的同名小说的主人公。他喝下仙酒后沉沉睡去,醒来才发现已经过去了二十年。——译者注

当父母催促"赶快！"时，孩子通常会故意拖延以反抗大人的强制。这种表面上的低效率，实际上是大人把自己的时间表强加给孩子后，孩子用来对抗这种暴政的强效武器。

事实上，孩子基本上不需要被催促。相反，只需给他们一个现实的时间限制，再把守时的任务留给他们自己：

"校车还有十分钟就到了。"

"电影一点开始，现在是十二点。"

"晚餐七点开始：现在是六点半。"

"你的客人还有十五分钟就到了。"

这种简短陈述的目的是要告诉孩子，我们期望他们能做到准时，并且认为这样是理所当然的。

早餐：不带道德说教的一顿饭

早餐时间不是教育孩子普遍哲学、道德原则，或者礼貌举止的好时机。这段时间只适合让孩子知道，家里有厨房、餐厅，气氛愉悦，食物美味。

通常来说，早餐时间也不是与孩子进行长篇对话的好时机。由于父母或孩子可能还没完全清醒过来，情绪也容易变得烦躁，因此一般的争吵会升级成大发脾气。

更多有关食物的详细讨论，请见第四章。

穿衣服：鞋带之争

在有些家庭里，父母和孩子每天都要为了鞋带的事吵架。某个爸爸说："每当我看到儿子没系鞋带时，我都想去给他系上。我想知道我们到底该不该逼他系鞋带，或者就随他这么邋里邋遢地走来走去。他可能是高兴了，但我们也该教他负点责任吧？"

然而，将教育孩子负责任与系鞋带联系在一起并不合适。如果你不想吵架，可以给孩子买易穿易脱的懒人鞋或者直接帮助他们把鞋带绑好。接下来就可以放心了，**孩子迟早会自己学会系鞋带的。**

孩子不该在学校穿着华贵，因为他们不该去担心衣物是否整洁。比起孩子能否自由奔跑、跳跃或者打球，外表的整洁是其次的。当孩子放学后穿着脏兮兮的衬衫回家时，父母可以这么说："看来你今天很忙啊，如果你想换衣服的话，壁橱里还有一件衬衫。"不要告诉他们多么邋遢、多么脏以及你有多讨厌洗衣服。要接受现实,承认孩子的衣服不可能长时间保持干净。相比于反复强调清洁问题,购买一些便宜的免熨衬衫更有利于孩子的心理健康。

更多有关衣服的详细讨论,请见第四章。

上学

早上匆忙之中,孩子可能会忘带书本、眼镜、午餐盒,或者午餐钱。最好的处理办法是直接把孩子落下的东西交到他们手里,而不要去多嘴说教他们健忘、没有责任心。

对孩子来说,比起"我真希望在我有生之年,你能记得戴眼镜",更有帮助的说法是:"给,这是你的眼镜。"比起"你真是心不在焉,要不是脑袋长在肩膀上,怕也是要忘了",更有帮助的说法是:"给,这是你午餐盒。"比起阴阳怪气地问孩子"你要拿什么买午饭?"更能让孩子心生感激的说法是:"给,这是你的午餐钱。"

父母不应该在孩子上学前给他们一长串的训诫和警告。比起一般的警告"别惹麻烦",更好的说法是在分别时说一句:"祝你度过愉快的一天。"比起"放学后别在街上闲逛",

对孩子更有教育意义的说法是:"我两点钟去接你。"

放学回家

孩子希望能在放学回家后受到父母的迎接。不要问孩子那些一听就懒得回答的问题:"学校怎么样?""还行。""你今天做了什么?""没做什么。"比起这个,**父母可以针对孩子在学校经历的考验和磨难,来说一些表示理解的话:**

"看来你这一天过得并不轻松。"

"我赌你当时等不及想放学了。"

"你回到家好像很开心啊。"

父母不在家,不能亲自迎接放学回来的孩子时,最好留言告知他们自己的行踪。一些学龄儿童的父母会利用书面信息来加深与孩子之间的关系。对父母来说,用文字表达感激和爱意要更容易一些。有些父母会把话录在录音机里,这样孩子就可以反复地去听他们的留言。无论如何,这类信息是能够鼓励亲子双方进行有意义的交流的。

父母回家

当父母晚上回家时,需要一个安静的过渡阶段,以便从社会需求转向家庭需求。他们不应该在家门口遭到连绵不断的抱怨和请求。为了创造一片宁静的绿洲并提高家庭生活质量,可以为他们准备一杯饮料、一个热水澡、每日邮报或周刊杂志,并给予一段"禁止提问"的时间。

孩子从小就应该知道,爸爸妈妈回家后,需要一小会儿平静、舒适的时间,不过,晚餐时间应该是父母和孩子谈话的时间。**谈话的重点应该少放在食物上,多放在精神食粮上。**尽量不要评论孩子吃相如何、吃的什么,少进行管教,多采用传统谈话技巧来引导交流。

就寝时间

在许多家庭里,就寝时间是一段混乱的时间,对父母和孩子双方都会造成困扰。孩子希望尽可能晚睡,而父母希望他们尽快睡觉。夜晚变成了父母主要的唠叨时间,以及孩子战术回避的时间。

学前孩子需要妈妈或者爸爸来给他们掖好被子。**在这个过程中可以利用亲密的语言与每个孩子交流**，在这样一个温馨的氛围下，孩子会开始期待就寝时间。孩子喜欢和妈妈或者爸爸有"单独在一起"的时间。如果父母用心聆听，孩子就会慢慢学会跟父母分享自己的担忧、希望和心愿。这些亲密的接触能够缓解孩子的不安，让他们平静地进入甜美的睡梦之中。

有些大一点的孩子也喜欢让爸爸或者妈妈来帮忙掖被子。父母应该尊重并满足孩子的这一心愿，而不应该因为这一看似"孩子气"的心愿就去责备或批评他们。大一点孩子的就寝时间可以灵活一点："就寝时间是八点到九点之间（或者九点到十点之间），你自己决定什么时候睡觉。"

当孩子声称自己"忘了"上厕所或者想喝水时，最好不要和他们争吵。但是，如果孩子不停地把妈妈叫到自己的房间，那就应该这样说："我知道你希望我多陪你一会儿，但现在是妈妈和爸爸该在一起的时间了。"孩子需要知道，有些关系和情境是将他们排除在外的。

父母不需要娱乐许可证

在有些家庭里，孩子拥有禁止父母来去的权力，父母晚上出去要得到几个孩子的许可才行。有些父母不去电影院或者剧院，就是因为担心回家会爆发战争。

然而，**父母应该可以自由地过自己的生活，并不需要得到孩子的许可或同意**。如果孩子因为父母晚上要出去而哭闹的话，不要去谴责孩子的恐惧，但是也不要服从孩子的愿望。孩子不想被留在保姆那儿，我们可以理解、体谅，但是没必要从他们那里换取娱乐许可证。我们可以与哭泣的孩子共情，对他们说："我知道你希望我们今晚不要出去。有时我们不在家，你会觉得害怕。你希望我们和你待在一起，但是我和你爸爸今晚要去看场电影（或者看望朋友、共进晚餐、参加舞会等）。"

孩子反对、请求或者威胁的内容都可以不予考虑。我们只需坚定、亲切回答：

"你希望我们能陪你，但是我们都安排好了今晚要一起出去。"

电视节目中的凶杀与暴力元素

要讨论孩子的一天,就一定得评价电视对他们价值观和行为的影响,否则这场讨论就是不完整的。孩子更喜欢看电视而非读书、听音乐或聊天。

对于广告商来说,孩子是完美的观众群体:他们容易受影响,相信商业广告。他们学习广告短歌的能力非常惊人,而且非常喜欢用那些愚蠢的广告语去烦扰父母。他们对节目的要求也极低:不要求创造性,也不需要艺术性。骑马和持枪的镜头就能吸引他们的注意力。就这样,日复一日,每天连续几个小时,孩子眼前看到的都是夹杂着短歌和广告的凶杀和暴力。

父母对电视有两种态度。一方面,父母高兴电视占据了孩子注意力使其不再惹麻烦,但是他们又担心看电视可能会对孩子的眼睛和心智有害。关于对视力的影响,专家向我们保证,即使长时间观看电视,也不会对视力造成伤害。[1]然而,关于电视对性格的影响,专家们意见不一,目

---

[1]《时代》杂志曾刊登过一篇令人担忧的报道,标题为"那些疲惫的孩子们"(Those Tired Children)(1964年11月6日,第76页)。报道称,两处空军基地的儿科医生接诊了一大批三至十二岁的儿童患者,这些患者的症

前还不太确定：

1. 电视对儿童有害。它催生对暴力的欲望，让孩子对人类的痛苦麻木不仁。

2. 电视对儿童有益：戏剧性的暴力有助于儿童摆脱敌对的冲动。

3. 电视对儿童影响不大：性格和价值观是由父母和同龄人塑造的，而不是由屏幕上的图像塑造的。

不过，有一点是所有人都认同的：电视占据了孩子一天之中相当大的一部分时间。孩子花在电视上的时间要比和父母在一起的时间更多。即使孩子看不懂电视里有关性和暴力的画面，只是觉得好玩，但这些画面对他们来说总归还是没什么积极作用。有些家庭只允许孩子周末看电视。还有些家庭指定了孩子看电视的时间和内容，孩子想看什么节目必须通过父母的同意。这些父母认为，电视就像药物一样，必须在规定的时间和正确的剂量下服用。

状包括慢性疲劳、头痛、睡眠不足、胃部不适和呕吐等。但让医生感到困惑的是，这些症状均找不到医学上的原因。经过对父母的不断追问，他们发现这些患病儿童都是电视成瘾者：他们周一至周五每天要看三到六个小时的电视，周六和周日则要看六到九个小时。

医生随即采取了激进有效的治疗方法：一段时间内完全不看电视。对于服从治疗的患者，他们的症状都消失了；而对于那些没有严格遵守规定的患者，症状依然存在。

越来越多的父母觉得,电视节目的选择权不能完全留给孩子。他们可不愿意让谋杀犯和暴力分子影响到自己家的孩子。孩子不需要避开所有的悲剧,但他们应该受到保护,避开那些只把人与人之间的残暴当作套路,而毫无悲悯之心的娱乐节目。

第七章

妒忌

可悲的传统

兄弟间的妒忌有着一项古老而可悲的传统。《旧约全书》中记载的第一宗谋杀案就是该隐出于手足之争杀害了弟弟亚伯。雅各为从弟弟以扫手中逃生，只得背井离乡，在异国东躲西藏。雅各的儿子们非常忌妒他们的弟弟约瑟，把约瑟扔进蛇坑，想就此将他了结。后来有支沙漠商队经过，众人转念一想，又将约瑟作为奴隶卖去了商队。

《圣经》是怎样讲述妒忌的本质和起源的？在每个案例中，《圣经》都描绘了父母偏袒其中一个孩子所引发的嫉妒情感。该隐残忍地杀死自己的兄弟，因为上帝所青睐的献祭来自亚伯，而非自己。以扫心生妒忌，因为母亲帮助雅各得到了父亲的祝福，可见她更偏爱弟弟。约瑟备受父亲宠爱，父亲不仅送他彩衣，还在他犯错时包庇他，这引起了其他兄弟的嫉妒。

孩子们喜欢听别人讲述，或者自己去阅读有关妒忌和报复的案例。这个主题吸引着他们，并且动机也能引起共鸣。然而有趣的是，他们有时并不会对受害者感到同情。

当新生儿降临时

与父母相比,孩子从不质疑家中是否存在妒忌。他们很早就知道了妒忌的含义和影响。不管做了多足的准备,新生儿的到来仍会让他们感到嫉妒和伤心。妻子就是没法体面地与小情人分享家庭,女主角也不可能优雅地与一个崭露头角的新人分享聚光灯。**这种竞争是不可避免的现象。**有些父母在面对这些情况时措手不及或大惊小怪。这些愚昧无知的表现,只会将家庭幸福越推越远。

对年幼的老大来说,弟弟妹妹的到来算得上是他们人生中的首要危机。他们的空间轨道会突然改变,需要有人来帮忙定位和导航。要想对孩子有所帮助,而不只是感情用事,我们就需要去了解孩子这颗"星星",摸清他们的真实情绪。

向年幼的孩子宣布要二胎这件喜事时,最好是避免冗长的解释和虚伪的期待,例如:"我们非常爱你,你特别特别好,所以我和爸爸想再生一个像你这么好的宝宝。你会爱上这个新生宝宝的,他也是你的宝宝。有了他,你会感到很自豪。而且这样就有人可以一直陪你玩啦。"

这种解释听起来既不诚实,也没有任何说服力。从孩子的思维方式来看,他们更有可能得出这样的结论:"如果他们真的爱我,他们就不会想再要一个孩子。我还不够好,所以他们才想让新人来代替我。"

分享妈妈的爱是令人痛苦的。根据孩子的经验,分享意味着自己的所得减少,就像分享一颗苹果或一块口香糖。当孩子想到要和宝宝分享妈妈时,他们会感到焦虑不安,而我们却希望他们乐在其中,这其实是不合逻辑的。妈妈的肚子越来越大,孩子的怀疑似乎也越来越合理。他们会注意到,宝宝还没出生,就已经占据了妈妈的身心。妈妈跟自己在一起的时间越来越少,她要么是身体不舒服躺在床上,要么就是累了在休息。孩子甚至不能再坐到妈妈的大腿上,因为有一个尚未现身的入侵者已经占据了那里。

向年幼的老大宣布新生儿的降临时,不必大张旗鼓。这样说就足够了:"我们家又多了一个新生宝宝。"不管孩子的第一反应如何,我们都得明白,他们脑袋里还有许多没问出来的问题,心里也有许多没说出来的担心。幸运的是,身为父母,我们有能力帮助孩子度过这段危机时期。

新生儿会威胁到原来的孩子的安全感,这是不变的事实。不过,孩子在经历了这场危机所带来的压力和紧张后,他们的性格会变得更加坚强或者被扭曲取决于我们的智慧和技巧。下例中父母介绍新生儿的做法非常不妥。

"约翰出生时……爸爸带我去看他,结果直到现在我都还记得妈妈怀里那个面色红润的婴儿,还有爸爸那时对我说的话:'你现在得表现得格外乖了,因为我们现在又有了一个宝宝。之前只有你一个,现在有你们两个。'……我想,从那时起,我就要拼尽一生去超过弟弟……让他活在地狱里。"[1]

相比之下,像下面这样去给孩子介绍未来的弟弟妹妹,会对他们有所帮助。

五岁的弗吉尼亚在发现妈妈怀孕了时,表现得十分欣喜。她画了一幅画,画中阳光明媚、玫瑰盛开,那是她想象中有弟弟的生活。妈妈并没有鼓励女儿这种片面的想法,而是对她说:"弟弟有时会很好玩,但有时也会很麻烦。他有时会哭闹,让我们所有的人都很讨厌;有时还会尿床,弄脏尿布,搞得整个人都臭烘烘。到那时,我就必须给他洗澡,喂他吃奶,好好照顾他。你可能会觉得自己受到了冷落,你也可能会感到妒忌,你甚至可能会这样想:'她不爱我了——她爱宝宝。'当你那样想时,过来告诉我,我会给

---

[1] 弗吉尼亚·梅·阿克斯林,"汝已杀死那空洞巨龙?"("And Hast Thou Slain the Jabberwock?")(未出版教育博士论文,哥伦比亚大学师范学院,1950年),第178-179页。

你更多的爱,这样你就不用担心了,你就知道我是爱你的。"

有些父母在使用上述这样的方法时会有所顾虑,担心会把"危险"的想法输入孩子脑中。其实他们大可放心,因为这些想法对孩子来说并不陌生。我们说的话一定要有用:表现出理解孩子感受的态度、消除愧疚感、建立亲密关系以及促进彼此沟通。对于新生儿,孩子一定会感到愤怒和厌恶,**最好的方法是要让孩子大大方方地向我们大声吐露苦恼,而不要让他们暗地里闷闷不乐。**

表达妒忌,言语好于症状

孩子内心的妒忌受到压抑时,就会伪装成各种症状和不良行为。例如,当孩子对兄弟姐妹感到厌恶,而父母又不让他们说出这种感受时,他们可能会在梦中把弟弟妹妹推出十层楼高的窗户,然后吓得尖叫惊醒,甚至跑到弟弟妹妹床边去查看他们还在不在。发现弟弟妹妹安然无恙时,他们可能会十分高兴,而父母看到孩子松了口气,又可能会将他们的这种行为误认为是爱。

孩子害怕用言语表达的东西,会在噩梦中以图像的形式呈现。与噩梦相比，用言语表达出妒忌和愤怒对孩子来说会更好。

小妹妹诞生后不久，五岁的沃伦就时常突发气喘。父母以为沃伦是太爱护妹妹了，以为他"爱死她了"（这个"死"字可能用得还很贴切）。对于沃伦的气喘，医生找不到任何生理上的原因，于是建议他去看心理健康门诊，在那里，沃伦学会了用语言而非呼吸困难来表达自己的嫉妒和愤怒情绪。

有些孩子不会用言语来表达妒忌，他们有的会咳嗽、长皮疹，还有的会尿床，也就是用身体的某个器官去表达本应用其他器官表达的感受。还有一些孩子则可能变得暴躁易怒：他们嘴上不说厌恶，手里却砸着盘子。还有些孩子咬自己的指甲、拔自己的头发，以此来掩饰他们希望咬、希望伤害弟弟妹妹的心理。所有这些孩子都需要摆脱症状，用言语来表达自己的感受。**父母在帮助孩子释放情绪的过程中具有关键作用。**

尽管妒忌无法直接靠肉眼分辨，但是保险起见，父母还是要假定孩子们之中存在着这种心理。妒忌既有多种表现，也有多种伪装方式。它可以通过以下方式自己表现出来：什么都要争或什么都不争；抢着出风头或温顺地旁观；大方时不计后果，或贪婪时毫不留情。孩童时代的竞争如果没有得到好的解决，就会酿成苦果，最终充斥在成年时期的生活中。比如，在路上不停超车的人，一场乒乓球赛都输不起的人，为了证明某个观点而总是用生命和财产做赌注的人，或者捐款时打肿脸充胖子的人，这些人全都在毫无理智地相互竞争。还有另一些人，他们逃避所有的竞争，还没争就觉得自己输了，随时准备给别人让步，或者连合法权益都不敢争取，从这些人身上也能看出相应的后果。因此，兄弟姐妹间的竞争对孩子一生的影响超乎想象。这种竞争可能会给孩子品格留下不可磨灭的印记，甚至扭曲他们的性格。

　　妒忌起源于孩子想成为父母唯一"心爱之人"的愿望。这种占有的愿望如此强烈，完全容不下任何竞争对手。弟弟妹妹出生后，孩子会和他们争夺父母爱。根据父母对待嫉妒的态度，孩子可能会公开竞争或私下较量。有些父母会被兄弟姐妹间的竞争惹怒，他们会惩罚一切公然的竞争行为。还有些父母则小心翼翼，避免引起孩子之间相互忌妒。他们努力让孩子相信，父母是平等地爱每一个人的，所以没有必要忌妒。在这些家庭里，礼物、夸奖、假期、帮助、衣服和食物都是经过精密计算，再平等、公正地发放给每一个孩子的。

尽管如此，所有这些方法还是无法避免妒忌的产生，**不管是平等地惩罚，还是平等地夸奖，都无法掐灭孩子独占全部的爱的欲望**。这一欲望无法实现，妒忌也就无法完全避免。但是，妒忌之火是微微摇曳，还是熊熊燃烧，这完全取决于我们的态度和做法。

助长妒忌的态度

正常情况下，年龄和性别差异可能会导致兄弟姐妹之间产生妒忌。哥哥遭受忌妒是因为特权更多、更独立；宝宝遭受忌妒则是因为能受到更多的保护。妹妹忌妒哥哥看似更多的自由，哥哥则忌妒妹妹能受到更多的特殊照顾。

如果父母只是出于自己的需要，便根据年龄和性别差异对孩子进行区别对待，就会产生一定的危害。弱小无助的宝宝获得偏爱，而相对独立的六岁孩子受到冷落时，孩子的妒忌之心就会加强，反之亦然。同样地，如果某个孩子因为性别、长相、智力、音乐才能或者社交能力而得到特别重视，其他孩子的妒忌心理也会被强化。**优越的天赋可能招致妒忌，但如果对孩子的特性或者天赋评价过高，更**

会导致孩子之间无休止的竞争。

我们不提倡将所有年龄段的孩子一视同仁。相反，年龄的增长应该给孩子带来新的特权和新的责任。年纪大一点的孩子比起年纪小一点的孩子，自然应该有更多的零花钱，更晚的就寝时间，以及更多的外出自由。要公开、大方地将这些权利授予孩子，这样的话，所有的孩子都会渴望长大。

年纪小一点的孩子可能会忌妒哥哥姐姐的特权，我们可以帮助他们处理这种感受，不要解释事实，而要理解他们的情绪：

"你希望你也能晚点再睡。"

"你希望自己年纪再大点。"

"你希望自己不是六岁，而是九岁。"

"我知道，但是现在你该睡觉了。"

父母在要求一个孩子为另一个孩子做出牺牲时，可能会无意识地助长妒忌心理的产生："宝宝需要你的婴儿床，你可以睡沙发上。""对不起，我们今年不能给你买新的溜冰鞋了，我们需要把钱花在宝宝的冬衣上。"

这么做的危害在于，孩子可能会觉得，自己不仅被剥夺了私人物品，还被剥夺了父母的关爱。因此，在提出这类要求时，要对孩子展现出关爱和感激，以便缓和他们的情绪。

应对妒忌心理

年纪特别小的孩子在表达妒忌时一点也不拐弯抹角：他们询问宝宝会不会死，提议把"他"送回医院，或者扔到垃圾堆里。胆子更大些的小孩子甚至可能会用武力手段来抵抗入侵者。他们可能会残忍地攻击对方：用蟒蛇缠绕猎物的方式紧紧环抱对方，并且一有机会就动手推、用拳打。极端情况下，妒忌心强的孩子还可能造成无法挽回的伤害。

身为父母，我们不能允许孩子欺负他们的弟弟妹妹。虐待性的伤害，不管是身体上的，还是口头上的，都必须禁止，因为这样的行为不仅伤害受害者本人，也伤害施暴者自己。此时双方都需要我们给予力量和关心。幸运的是，**我们可以在保护年幼孩子人身安全的同时，也同时照顾到年长孩子情感上的安全感。**

发现三岁的孩子骚扰宝宝时，父母应该立即制止，并且直接指出孩子的动机：

"你不喜欢宝宝。"

"你在生他的气。"

"告诉我你多么生气。"

应该递给孩子一只大大的玩偶，让他们对着玩偶发泄怒气。孩子可能会把玩偶揍一顿，用手指戳玩偶的眼睛，或者把玩偶扔到地上，然后踩上几脚。

我们不要去建议孩子该怎么做。

我们要做的是保持中立的态度进行观察，然后用同情的语调对孩子做出回应；既不要被孩子强烈的情绪吓到，也不要对他们残忍的攻击感到生气。情绪可以真实，但是攻击不能有害。最好让孩子把怒气象征性地发泄到一个无生命的物体上，而不是直接发泄到有生命的宝宝身上，或是以症状的形式反映到自己身上。

我们应该简单明了地告诉孩子：

"你向我展示了你有多生气！"

"现在妈妈知道了。"

"你生气时就来告诉我。"

在减弱妒忌心理时，上述方法比起惩罚或辱骂要有用得多。相比之下，下面这种方法则是没用的。当妈妈发现四岁的沃尔特正在用力拉扯弟弟的脚时，她的情绪爆炸了："你怎么了？你想杀了他吗？你想杀了自己的弟弟？你不知道你这样会让他终生残疾吗？你想让他变成一个瘸子吗？我跟你说过多少次了？不要把他抱出婴儿床！不要碰他，永远都不要碰他！"

大一点的孩子也应该面对自己的妒忌心理。对于这些孩子，父母可以更加坦率地和他们交谈：

"我注意到你不太喜欢宝宝。"

"你希望没有他。"

"你想成为唯一受关注的人。"

"你希望我只属于你。"

"你看到我过分关心她时，就会生气。"

"你希望我们只和你在一起。"

"你很生气，所以你打了宝宝，我不能允许你伤害他，但是当你感到被冷落的时候，可以来告诉我。"

"当你觉得孤单的时候，我会抽出时间来陪你，这样你就不会再感到孤单了。"

有些父母希望平等对待每个孩子，结果却常常是要生孩子们的气。绝对的公平往往会适得其反。当父母想给某个孩子更大的苹果，或者更有力的拥抱，却又因为担心引起其他孩子不满而无法这么做时，生活就会变得令人难以忍受。精心计算在精神或物质上的给予是一件劳神费力、容易发脾气的事情。然而，孩子并不渴望平等地分享父母的爱：他们需要被爱得唯一，而不是均一。爱的重点是品质，而不是平等。

我们并没有必要用同样的方式去表达对所有孩子的爱，也没有必要假装如此。我们对每个孩子的爱都是唯一的，不必费力掩饰。我们越是擦亮眼睛，避免明显的区别对待，孩子反而越容易察觉到不公平。不知不觉中，在孩子呐喊着口号"不公平"时，我们会发现自己已经被迫处于战争的守势。

不要将孩子这句口号信以为真，不要为偏心找借口，也不要自称无辜，更不要反驳他们的控诉。要抑制住说明情况和自我辩护的冲动，不要陷入无休止的争论之中去讨论我们的决定是否公平。最重要的是，不要为了公平，而被迫分配我们的爱。

对每一个孩子，我们都要让他们知道，我们和他们之间的关系是唯一的，而不是公平和同等的。和其中一个孩子单独相处时，不管是一会儿还是几个小时，都要**完完全全地和这个孩子在一起**。在这期间，要让男孩觉得他是我们唯一的儿子，让女孩觉得她是我们唯一的女儿。带某个孩子出门时，心里就不要再想着其他孩子；不要谈论其他孩子，也不要给其他孩子买礼物。要想让这段独处的时光令人难忘，就不能分散我们的注意力。

第八章

孩子感到焦虑的一些原因

父母知道的是，每个孩子都有自己的恐惧和焦虑，但他们不了解孩子为什么会感到焦虑。他们经常问道："为什么我的孩子这么害怕？他没有理由害怕啊。"一位父亲甚至对他焦虑的孩子说："别再胡说八道了，你明知自己现在非常幸福。"

如果对孩子感到焦虑的一些原因加以描述，并提供一些应对焦虑的方法，可能会对各位父母有所帮助。

因害怕被抛弃而产生的焦虑

孩子最害怕的事情，就是父母不爱他们、不要他们了。正如约翰·斯坦贝克在《伊甸之东》中那段给人留下深刻印象的语句：

"孩子最恐惧的事情就是不被爱，拒绝更是令他们害怕的地狱……拒绝伴随着愤怒，而愤怒又伴随着为报复而犯下的大错……有的孩子遭受拒绝，得不到他所渴望的爱，他踢完猫，然后又心怀愧疚；还有的孩子偷窃成性，以为金钱能使自己被爱；第三种孩子占据着世界上绝大多数——他们总是内疚、报复，接着更加内疚。"

永远不要威胁说要抛弃孩子。不管是开玩笑，还是在气头上，都不要警告孩子说他们将被抛弃。我们经常会在大街上或者商场里听到生气的父母冲着拖拖拉拉的孩子大叫："你要是再不马上过来，我就把你丢在这儿。"这样的话会唤醒潜藏在孩子内心对被抛弃的恐惧。它会激发孩子幻想的火苗，让他们想象出一个人孤零零地被丢在世上的场景。当孩子拖拖拉拉让你忍无可忍时，最好的方法是用手拖着他们走，而不是用言语去威胁他们。

有些孩子放学回家时见不到父母，就会感到害怕。这种情况会唤醒他们原本处于休眠状态的被抛弃焦虑。正如前文已经建议过的，父母可以在公告板上留一条信息，或者用一台便宜的录音机录音，告诉孩子自己去哪儿了，这样做会很有帮助。对于年纪小的孩子，录音信息特别有用。父母平静而充满爱意的声音可以让他们忍受暂时的分离，避免过度焦虑。

当我们必须离开年幼的孩子时，在分别前应该做好准备。有些父母觉得很难办，他们没法亲口告诉孩子，自己要因为办业务、休假或者履行社会义务而离开家。因为担心孩子的反应，他们会趁着夜色或孩子在学校的时候偷偷离开，把事情留给亲戚或者保姆来解释。

一对三岁双胞胎的妈妈必须接受手术。家里的气氛紧张不安，而孩子们却一无所知。要去住院治疗的那天早上，妈妈手里提着一个购物袋，假装要去超市。她就这样离开了家，三个星期后才回来。

在妈妈离家的这段时间里，孩子们看上去萎靡不振。爸爸的解释起不到任何安慰作用。他们每晚哭着入睡，白天起来后，又久久站在窗前，等着妈妈回来。

如果事先让孩子们做好准备，他们在接受这种分别的压力时，就会觉得更容易些。有用的准备不只包括一般的口头解释，还要用孩子在玩玩具以及玩耍时使用的语言与他们进行交流。

入院前两个星期，妈妈告诉了三岁的女儿伊维特即将发生的事情。虽然伊维特显得漠不关心，但妈妈并没有被女儿那毫不好奇的表象所愚弄，她说："让我们来演'妈妈要去医院'吧。"接着她拿出一套（专门为了这件事情而买的）娃娃，让它们分别扮演家庭成员、医生，还有护士。妈妈一边操纵着相应的娃娃，一边为它们配音，她说：

"妈妈要去医院治病，妈妈不会回家。伊维特奇怪：妈妈去哪啦？妈妈去哪啦？但是妈妈不在家，她不在厨房，不在卧室，也不在客厅。妈妈在医院，看医生，治病。伊维特哭了，我要妈妈，我要妈妈。但是妈妈在医院治病。妈妈爱伊维特，也想念她，每天都想念她。她想念伊维特，爱伊维特。伊维特也想念妈妈。然后妈妈回家了，伊维特非常高兴。"

这出分别和团圆的戏，妈妈和女儿演了一遍又一遍。开始的时候，多数是妈妈在说话，但是很快，伊维特也开始说了。她用相应的娃娃告诉医生和护士要好好照顾妈妈，要让她康复，尽快送她回家。

在妈妈离开前，伊维特请求她再重演一次戏。这一次，伊维特说了大部分台词，并且安心地结束了表演："不要担心，妈妈，我会在这里等你回来。"

离开前，妈妈还做了其他几个有用的安排：她介绍了新的保姆给伊维特认识；她把一张与伊维特的大合照放在了梳妆台上；她还在一台小录音机里录下了一些充满爱意的话。在无法避免的孤单时刻，妈妈的照片和话语能让伊维特安心，让她感觉妈妈的爱依然在自己身边。

因内疚而产生的焦虑

父母会有意无意地唤醒孩子心中的内疚感。内疚就像盐，是使生活丰富多彩的有用调味剂，但是它永远不能成为主菜。当孩子违反社会行为规则或者道德行为规范时，批评和内疚自然会随之而来。然而，当孩子的某些消极情绪或者"卑鄙"想法受到禁止时，他们难免会产生过多内疚和焦虑。

为了避免使孩子产生不必要的内疚，父母应该要像一个优秀的技工处理故障车辆那样去对待孩子的违规行为。优秀的技工不会责怪车主，而是直接指出需要修理的地方。**他们也不会责怪汽车发出的声响、嘎嘎声或吱吱声，而是利用这些声音来进行诊断。** 他们会问自己："问题可能出在哪儿？"

如果孩子心里明白，自己真的可以随心所欲地自由想象，而不必担心失去父母的爱和支持，这对他们来说，会是一种莫大的安慰。下面这样的表达会比较有用："你这样想，而我那样想。我们对这件事的想法不同。""你的看法好像对你而言是正确的，我的看法不一样，我尊重你的看法，但是我有不同的看法。"

如果父母唠唠叨叨，给孩子一堆不必要的解释，可能会无意间让孩子产生内疚。**特别是这样的父母，更容易导致孩子产生内疚：他们认为必须由自己来掌控全局，即使谈话的主题很复杂，谈话的对象也还不成熟，孩子也必须表示同意。**

五岁的扎卡里对幼儿园的老师很生气，因为老师已经因病休息了两个星期。老师回来那天，扎卡里一把抓住她的帽子，跑到了院子里。妈妈和老师都跟着他。

老师："帽子是我的，还给我。"

妈妈："扎卡里，你很清楚那顶帽子不是你的，如果你拿着帽子，玛塔（Marta）小姐可能会感冒的，那她就又要生病了。她之前病了两个星期，你知道的。好了，扎卡里，你不希望老师再次生病的？对吧？"

这样解释的危害在于，扎卡里听完可能会觉得自己需要对老师生病负责，从而感到内疚。这通冗长的解释不但跟帽子毫无关系，而且还有一定的害处。这个时候需要做的只是拿回帽子。**手里一顶帽子比院子里几番解释要有效得多。**

事后，老师可以跟扎卡里好好谈谈，了解他对自己没来上课的愤怒，并向他指出处理这种情绪的更好办法。

因被剥夺自主权和不被认可而产生的焦虑

当孩子参与某种活动或承担他们已经能够承担的责任被阻止时，他们会感到怨恨和愤怒。愤怒反过来会让他们想要报复，再接着，他们又会为自己的报复行为感到内疚或恐惧。无论哪种情况，结果都是引发焦虑。

小孩子不可能熟练地掌握各种技巧。他们需要花很长时间来系鞋带，扣扣子，穿雨鞋，拧瓶盖，或者旋开门把手。**对他们最好的帮助就是耐心等待，并且对任务的难度稍加点评**："穿雨鞋可不容易。""瓶盖很难拧开。"

不管孩子努力过后的结果是成功还是失败，这样的评论都会对他们有所帮助。如果孩子成功了，他们知道自己做成了一件难事，就会感到心满意足。如果孩子失败了，他们也能得到安慰，因为爸爸妈妈都知道这件事很难。无论是哪种情况，都能让孩子感觉到理解和支持，并最终加深父母和孩子之间的亲密感。不要让孩子在失败之后，觉得是自己能力不够。

孩子的生活不能被大人对效率的需要所左右，这一点至关重要。效率是幼儿的敌人。孩子的情感有限，而效率的代价太高。它耗尽孩子的才智，阻碍孩子的成长，抑制孩子的兴趣，还可能会造成孩子情绪的彻底崩溃。

因父母之间的冲突而产生的焦虑

父母吵架时，孩子会感到不安和内疚——感到不安是因为他们的家庭遇到了威胁，感到内疚则是因为他们在家庭冲突中所扮演的真实或想象的角色。不管有没有道理，孩子会认为自己是造成家庭冲突的原因。

孩子无法在父母发动的内战中保持中立，他们不是站在爸爸那边，就是站在妈妈这边。不管怎么站队，都会对他们的性心理和性格发展产生危害。当男孩排斥父亲，或者女孩排斥母亲时，孩子的认同感就会出现问题。排斥也就是厌恶，具体表现为厌恶认同他人的特质，厌恶模仿他人的价值观，以及厌恶模仿他人的行为。极端情况下，排斥还可能会导致孩子性别认知混乱，最终无法以生理性别生活。当男孩排斥母亲，或者女孩排斥父亲时，孩子长大后可能会不信任，甚至敌视所有的异性。

在不得不争夺孩子的爱时，父母通常会使用一些教育上的不当手段，譬如贿赂、奉承和说谎等。这样一来，孩子在成长的过程中，就会因为不知道该向着爸爸还是妈妈，而陷入长期的矛盾心理。而且，孩子还需要去保护一方免受另一方伤害，或者支持一方反抗另一方，这些做法都会在他们的性格里留下永久的印记。从小开始，孩子就夸大了自己在竞争中的价值，并学会了利用和剥削、密谋和勒索以及窥视和搬弄是非等技能。他们甚至还学会了如何生活在这样一个世界里：在这里，正直是负担，诚实是缺点；在这里，变态行为不仅能受到培养，还能得到奖励。

因身体活动受阻而产生的焦虑

当代许多家庭都因幼儿身体活动空间有限而倍感压抑。狭小的公寓和昂贵的家具无一不是对攀爬、奔跑和跳跃等活动的严格抑制。通常来说，孩子从很小的时候就开始受到这些抑制了，例如婴儿不被允许站在婴儿车里，学步儿童不被允许爬楼梯，幼儿也不能在客厅里自由奔跑。

这种抑制会导致孩子内心紧张并产生焦虑。解决方法已经在问题描述中提到：孩子需要通过体育活动来释放紧张情绪，并需要足够的玩耍空间和玩具。要允许孩子在充满安全感的环境中，到单独的房间或者院子里去自在地活动。

因生命的终结而产生的焦虑

对于成年人来说，死亡的悲剧在于它是不可逆转的。死亡，是最终的结局，永恒的结局，也是一切希望的终结。因此，死亡是个人所无法想象的；没人能想象到自己生命停止的场景和躯体腐朽的模样。记忆和希望、过去和未来共同构成了人的自我意识，人无法看到没有未来的自己。宗教信仰所带来的安慰正好就属于这个范畴，它给人带来对来世的期待，这样一来，人就可以平静地活着，再平静地死去。

如果对于成年人来说，死亡都是一件难以捉摸的事情，那么对于孩子来说，死亡更是隐藏在神秘面纱之下的谜团。年幼的孩子无法理解，为什么死亡是永恒的，为什么不管是祈求父母还是自己祷告，都无法令逝者起死回生。在死亡面前，孩子的魔法愿望都失效了，这对他们来说实在是一个沉重的打击。死亡动摇了他们单凭主观愿望就能影响事件的信心，使他们感到无能为力，焦虑不已。在孩子眼中，不管他们怎么哭闹、怎么抗议，深爱的宠物或人还是离开了。结果，他们觉得自己被抛弃了，不再被爱了。他们的恐惧就体现在经常问父母的问题里："你死了之后，还会爱我吗？"

有些父母努力保护孩子，不让孩子经历失去深爱之人的痛苦和悲伤。如果孩子养的金鱼或乌龟死了，他们会赶紧用新的来替代，希望孩子不会发现两者的差异。如果孩子养的猫或狗死了，他们则会赶紧给悲痛中的孩子一只更可爱、更昂贵的替代品。

这些突然失去而又迅速替代的早期经历，会让孩子从中学到什么？孩子可能会得出结论，失去所爱并不是那么了不得的事情；爱可以很容易地转移，忠诚也可以很容易地替换。

孩子不应该被剥夺悲痛和哀伤的权利。他们应该享有为失去所爱之人而伤心的自由。当孩子能够为了生命和爱的终结而哀悼时，他们的人性就得到了深化，人格也会更加崇高。

要实现这一目标，基本的前提是，孩子既不应该被排除在家庭生活的欢乐之外，也不应该被排除在痛苦之外。如果有谁去世了，父母却没有告诉孩子，那么孩子可能会感到莫名其妙的不安。或者，孩子可能会用极端且混乱的解释去弥补这段信息空缺。他们可能会因此而责备自己，感觉与自己分别的不仅是逝者，还有生者。

帮助孩子面对他人去世的第一步，就是**允许他们充分地表达出自己的担心、期望和感受**。对着关心自己的人倾诉内心深处的情感，能给人以安抚和慰藉。父母也可以把孩子一定会有的一些感受用言语表达出来，不过这么做可能有点难。举个例子，当孩子深爱的奶奶去世之后，父母可以这么说：

"你想念奶奶。"

"你非常想念她。"

"你非常爱她。"

"她也爱你。"

"你希望她还和我们在一起。"

"你希望她还在世。"

"很难相信她已经去世了。"

"很难相信她已经不在我们身边了。"

"你还好好地记得她。"

这样的话可以让孩子知道，父母关心他们的想法和感受,也鼓励他们说出他们的担心和期望。孩子可能想知道死会不会痛,死去的人还会不会回来,自己和爸爸妈妈以后会不会死。对此,父母的回答应该简洁真实:人死后,身体不会感到丝毫疼痛;死去的人永远不会再回来;岁数大了就会死,这是很自然的事。

跟孩子谈论死亡时,最好不要说得过于委婉。当一个四岁的女孩得知爷爷永远地睡去了时,她追问爷爷有没有带睡衣。她还担心爷爷会生她的气,因为自己没有在爷爷睡前跟他说"晚安"。当得知"奶奶去了天堂,变成了天使"时,一个五岁的男孩祈祷着其他家人也死去变成天使。

简简单单地如实告诉孩子真相,同时给他们一个充满爱意的拥抱和一个充满关切的眼神,这样孩子就会感到安心。当父母自己接受了生命和死亡的现实时,这种方法会非常奏效。最重要的是,态度胜于言语。

第九章

性教育

许多父母认为，性教育不过就是谈话。就是在孩子步入青春期前的"某天"，把他们叫到一旁来讲授"性知识"。如果是男孩，就警告他小心性病；如果是女孩，就叮嘱她当心怀孕。但性教育其实在此之前就开始了。

性教育始于父母对待自身感官体验的态度。他们是喜欢去看、闻、摸自己的身体，还是觉得这样做很粗俗、不雅观？在面对对方的裸体时，他们是心情愉悦，还是害羞地闭上双眼、穿好衣服？对于自己或伴侣的性器官，他们会感到特别厌恶，还是喜爱和欣赏？他们眼中的对方，是只知索取、不懂体谅的自私鬼，还是令人振奋、分享喜乐的爱人？

不管父母未说出口的感受如何，哪怕他们说话时极力掩饰，孩子都能感觉得到。正因如此，对于如何去回答孩子有关性的问题，很难为各位父母提供确切的答案。父母首先必须明白自己这方面的困惑所在，不要感到过于担心或者尴尬。

性感觉的开始

从出生起,婴儿就具备了体验身体快感的能力,也正是从那时起,性态度开始形成。虽然婴儿享受身体及其机能的方式与成人不同,但本质上也属于一种性行为。一旦有了足够的体力,孩子就会开始探索自己的身体。他们会用手触摸自己的四肢,在被他人触摸、挠痒、拥抱时,也会感到十分高兴。这种早期的触摸和爱抚是性教育的一部分。通过这些动作,孩子能学会去接受爱。

曾经有一段时间,有人警告妈妈们不要去拥抱宝宝,也不要和他们玩耍,以免把他们宠坏。即便如此,当时大多数妈妈还是觉得这句"格言"不可理喻,因为从她们的直觉来看,和宝宝玩耍不可能会把他们宠坏。现在我们知道了,婴儿是需要大量温柔的爱抚和拥抱的。

当孩子发现嘴巴能带来特别的快感时,他们就会把任何拿得动的东西都放进嘴里,比如拇指、毯子和玩具等。吮吸、咀嚼和咬等动作能带来愉快的感觉,即使这些动作的对象是不能吃的东西也一样。孩子追求口腔中的快感,这种行为不应受到阻止或制止,只能加以控制。我们务必要保证孩子放入口中的东西是卫生的。有些婴儿通过吃东西就完全可以获得这种快感,而有些婴儿还需要进行辅助性的吮吸。吮吸的动作不应受到限制。孩子一岁左右时,嘴巴就是他们认识世界的主要镜子。为何不让它成为一面能给孩子带来愉快的镜子呢?

吮吸的需求可能得不到满足,但不可能消失。它们会以各种浅显或厚重的伪装方式表现出来。比如,婴儿会不停地吸吮拇指,儿童喜欢啃橡皮擦,成人则常常抽烟或雪茄。婴儿什么都会咬,儿童会咬指甲,成人则会张口闭口就说要咬人的话。

性与如厕训练

性器官与排便器官十分接近,因此,在如厕训练中养成的态度很可能会对性发育产生影响。两岁左右的孩子会更加专注于排泄的快感。对他们来说,看到、闻到、摸到排泄物都不是什么恶心的事情。在引导孩子养成文明的排泄习惯时,我们必须特别小心,不要让他们对自己的身体和排泄物产生反感。如果手段生硬、草草了事,孩子就会觉得自己的身体及其机能都是令人害怕，而不是令人愉快的。

训练时缺乏耐心，结果就会适得其反。孩子要到两岁才能控便，三岁才能控尿。当然，肯定会有一些意外情况，如果孩子还不满五岁，我们就可以不追究。

在早期的训练过程中，必须引导孩子不再去触碰身体排泄物。但同时也不能完全禁止这种行为，这样做既不明智又没有必要。我们可以让孩子换种可接受的方式来享受被禁止的乐趣。可以让他们用沙子、泥土、颜料、黏土（当然得是棕色的）加水尽情地玩耍，这对他们来说是很有帮助的。在孩子的潜意识里，每种脏乱不堪的物质都代表着真实的东西，能替代那些原有的乐趣，给他们带来满足和安慰。

完全不予训练，结果也会适得其反。如果对孩子放任不管，他们的裤子就会长时间又湿又脏。这么做可能会让孩子觉得很高兴，但同时也会让他们错失自主排便所带来的满足感。在孩子到了一定年纪之后，父母就应该清楚、和蔼地把自己的期待告诉他们："小宝宝时的你会觉得弄脏裤子很好玩，你喜欢尿布里暖洋洋的感觉，但我们不希望你还跟以前一样，我们现在想让你用便盆。"

训练期间，使用直肠温度计时必须特别小心。哪怕常规治疗都可能使孩子感到非常恐惧，更别说手法暴力的治疗了，这种插入式治疗手段所带来的心理阴影甚至在孩子成年以后还会存在。

同样地，频繁打屁股也可能会对性发育产生负面影响。由于器官的接近性，打屁股可能会让孩子产生性兴奋的感觉。或者说，孩子可能会非常享受这种惩罚所附带的补偿，他们会特意去寻求肉体上的痛苦，以此作为爱的必要前奏。许多成年夫妇在共度良宵前，似乎就需要先好好打斗一番。

生殖器的快感

随着身体和情感的发育，孩子会在生殖器部位找到最为愉悦的身体感受。在这一点上，我们的态度也应该是一样的，要允许他们去体验这种愉悦的身体感受，且不必有任何心理负担。实际上，孩子这时正是最需要我们爱的引导的时候，不要让他们在体验快感的同时，受到任何情感上的伤害。

当小女孩意外发现自己的阴蒂，并向妈妈倾诉那是她"感觉最好的地方"时，没有底气、不知如何解释的妈妈往往只会大喊："不要碰！"然而实际上，我们没理由不为孩子的正常发育感到高兴，因为他们现在最愉悦的感觉不再来自肛门或嘴巴，而是生殖器。

性别差异

孩子不会理所当然地认为男女有别。对他们而言，性别就像是一个重大的谜团，他们会对基本的身体差异产生各种奇妙的解释和恐惧。无论我们给出多么坦诚的解释，孩子还是会暗自打定主意，有时甚至一口咬定每个人都应该拥有阴茎。

女孩会误以为自己的阴茎丢了，给没收了，或者等她们表现好点、再长大点，阴茎还能长出来。由此及彼，男孩则会充满恐惧，以为自己也会像女孩一样失去阴茎。父母万不能把孩子这些害怕的想法当成是有趣或可爱的童言童语，再作为笑话讲给别人听。面对孩子的恐惧心理，父母应该严肃对待，及时补救。

我们可以对女儿说："女孩们看到自己没有阴茎，有时就会产生可怕的想法。你是不是有时也会想这个问题？"

或者我们可以对儿子说:"男孩们看到女孩没有阴茎,有时会感到很害怕。你是不是有时也会想这个问题?男孩有时会误以为,'发生在女孩身上的事,也有可能会发生在我身上。'可是,男孩和女孩之间是有区别的,他们生来就是不同的。这就是为什么,男孩以后会当爸爸,而女孩以后会当妈妈。"

有些父母会试图通过模糊男女之间的基本差异,来安慰小女孩那根本不存在的损失。他们会对泣不成声的女儿说:"你哥哥方方面面都很像你——除了他的小鸡鸡。别哭啦。"有位妈妈甚至让她三岁的女儿自己给自己做一个黏土阴茎,但这种方法只是治标不治本,未来还会产生许多问题。

当孩子发现男女之间存在着身体结构上的差异之时,要抓住这个大好时机,向他们强调而非缩小这些差异:"没错,男孩和女孩之间有着很大的区别。你有阴茎,所以你是男孩,你长大后会当爸爸。""你有阴道,所以你是女孩,你长大后会当妈妈。女孩和男孩的构造方式是不一样的,我很高兴你注意到了这一点。"

父母给出的信息必须清晰明确,以免孩子在性别身份识别上感到混乱。

回应孩子的问题

新来的传教士到草原教区进行第一次布道,可当天只有一个放牛人到场。传道士大声问道:"还要不要继续做礼拜?"那人回答:"这我可不好说,我只是个放牛的。但如果我来喂牛,牛只有一头,我要是不喂,那就太可惜了。"传道士在感谢了对方后,开始了准备好的一小时的布道。事毕,他询问对方是否喜欢这次布道。对方回答:"我对布道不太了解,我只是个放牛人;但如果我去喂牛,牛只有一头,我要是全喂给它,那就太可惜了。"

在性教育中,我们不能教得太多太快。面对孩子有关性的问题,我们大可以坦白地回答,但不需将所有产科知识全部和盘托出。答案可以只是简简单单的一两句话,不要长篇大论。

当孩子开始问问题的时候,就可以开始告诉他们有关性的东西了。两三岁的男孩指着他的生殖器问"这是什么?"时,就是告诉他答案的最佳时机。"这是你的阴茎。"尽管孩子可能更愿意把阴茎叫作"嘘嘘",或者"小鸡鸡",大人还是应该使用正确的名称。

当孩子奇怪宝宝是从哪儿来的时候,我们可以告诉他们宝宝是从医院、超市或邮购店买回来的,或者是由鹳送来的。但更好的做法是告诉他们:"宝宝是从妈妈身体里一个特别的地方长出来的。"这时有没有必要告诉他们这个特别的地方就是子宫,取决于他们有没有进一步提问。通常来说,从童年时代早期开始,孩子就应该学习各个器官的名称和功能,以及两性之间的身体结构差异。

父母做出的解释不应牵扯到植物和动物;要避免塞尔玛·弗雷伯格所说的"农业谬误"。爱丽丝·巴林特(Alice Balint)提到了这样一个男孩,他在妈妈即将生下另一个孩子时被带去了农场。男孩回来后,他说:"听着,爸爸,我什么都知道了,但是请你告诉我,是妈妈去找的公牛,还是公牛来找的妈妈?"

几乎所有学龄前儿童都会被两个问题困扰:宝宝是怎么形成的?又是怎么生出来的?在告诉孩子答案之前,最好先听听他们的想法。孩子的答案通常跟食物和排泄有关。有个聪明的孩子曾这样解释:"好宝宝是由好的食物变的,他们在妈妈的肚子里生长,再从肚脐眼里蹦出来。坏宝宝是由坏的食物变的,他们从拉便便的地方出来。"

我们应该实事求是地给出解释,但是不需要对性交部分进行详细说明:"爸爸妈妈想要宝宝的时候,爸爸身体里的细胞就会和妈妈身体里的细胞结合,这样宝宝就长出来了。等宝宝长得足够大了,它就会从阴道里出来。"有时候孩子会要求看看把他们生出来的地方。最好不要允许他们直接冒犯妈妈的隐私。我们可以画一幅人体图,或者用玩偶来做演示。

我们的回答可能会让孩子暂时安静下来,不过,他们可能还会来问同样的问题,甚至追加一些问题。如果孩子再次问:"宝宝是怎么生出来的?"我们就可以回答得更详细一些:"爸爸让妈妈的身体里长出宝宝。爸爸身体里有一种叫精液的液体,里面有很多微小的精子细胞。妈妈身体里有卵子细胞。精子细胞和卵子细胞结合,宝宝就长出来了。"

接着,孩子可能会问出那个让父母害怕的问题:"爸爸的细胞是怎么进入妈妈的细胞的?"同样地,我们可以先问问孩子自己对这件事的解释。我们可能会听到所谓的"播种"理论(爸爸把一颗种子种进了妈妈的身体里)、"吃种子"理论(爸爸让妈妈吞下一个果核)、授粉理论(风把种子吹进了妈妈的身体里)和手术理论(医生通过手术把种子植入了妈妈的身体里)等。

然后我们就可以简洁地回答孩子的问题："精液从爸爸的阴茎里流出来，进入妈妈的阴道。"趁着这次大好机会，我们还可以向孩子强调精液和尿液是不同的："尿液是身体排出的废物，而精液是携带精子细胞的液体。"

下一个冒出来的问题可能是："那你和爸爸什么时候生小宝宝？"这个问题虽然听起来有点多管闲事，但其实不然。简单的回答就足够了："爸爸妈妈会选择一个他们都感到舒适并且只有他们两个人的时候生宝宝。他们互相爱着对方，并且想生一个心爱的宝宝。"此外，可能还有必要告诉孩子，性交是一件私人、私密的事。

有些男孩希望爸爸也能生孩子。他们会问："为什么妈妈的卵子不能进入爸爸的身体？"这时就可以跟他们解释说，女性的身体里有一个地方——子宫——宝宝只能在那里成长，而男人的身体里则没有子宫。"为什么？""因为男性和女性的身体构造不一样。"要向男孩保证，宝宝同样需要爸爸的爱和保护。

裸体

有的家庭就像是裸体主义者的殖民地。父母和孩子把自己当成伊甸园的亚当和夏娃，光着身子在家里走来走去。然而，在这种自由中长大的孩子依然会对人体感到担心或内疚。直接的观察不仅无法满足他们的好奇心，反而还会激起一些不可实现的秘密追求。

四岁的贝特西在爸爸的准许下和他一起洗澡。她喜欢观察爸爸的身体，夸奖爸爸健康强壮。但当女儿表示想摸摸他的阴茎时，爸爸的内心动摇了，原本的自由主义信念就这样变成了惊吓。

婴儿时期，妈妈未受遮盖的乳房会刺激幼儿产生吸吮反应，这一点很容易实现。而到了童年时期，妈妈或爸爸的裸体会刺激孩子的生殖器，使他们产生性欲，这种性欲却是不能被满足的。这是不是说我们要延续维多利亚时代那种假正经的作风呢？完全不是。不过这确实说明我们需要隐私，不仅是为了我们自己安心，也是为了孩子的正常发育。孩子偶尔会在我们洗澡或换衣服时闯进来，看几眼，对于这种行为，我们可以不追究，但不能予以鼓励。我们必须特别小心,不要让孩子以为我们想让他们来探索我们的身体。晒日光浴或者裸体运动时,如果允许孩子在场,他们可能会误以为自己不能只是光站着,还要做一些事情来取悦我们。在过度的刺激下,孩子会感到困惑不已,最终陷入无望的幻想之中。

孩子对人体很好奇,这是可以理解的。他们可能已经注意到了男女之间的差异,并偶尔看到过我们的身体,但他们还想知道更多。坦诚地承认他们的好奇心固然很好,但还是要维护我们的隐私。

"你想看看我是什么样子,但我想一个人在浴室待着。我可以告诉你大人是什么样的,你来问,我来回答。"

这种方法只是把孩子的好奇心引导到一个更容易为社会所接受的渠道中去,并不会产生攻击或阻碍的效果。这时,表达好奇心的方式应该是用言语,而不是用目光和身体。

床和卧室

孩子与父母同床或共室,这种做法是绝对不可取的。孩子看到和听到的东西比我们想象中的要多。哪怕他们不能理解发生了什么，这些景象和声音也会一直保留在他们脑海里，然后在他们感到恐惧、做噩梦时悄然再现。同床共室的危害是显而易见的：孩子既不聋也不瞎，他们真睡着了是这样，假睡着了还是一样。

从建筑上来说，我们的住宅是反性行为的。很少有现代的房子或公寓会刻意去保护性隐私。隔墙有耳，正当的性爱必须压低声音，在文明社会中这实在令人遗憾。

无望的浪漫

每个男孩的生命中都会有这样一段时间（三岁到五岁之间），他们希望妈妈完全为自己所有。妈妈就是他们的初恋，他们不能容忍别人和她"约会"。同样地，女孩也会宣告自己对爸爸的爱——一种占有欲极强的爱，容不下任何对手。千万不要用言语或行动去鼓励孩子这种极端的爱。即使是开玩笑，妈妈也不应该把儿子称为"我的男子汉"或"我的小情人"，爸爸同样不应该以这种方式称呼女儿。

父母口中这些称呼正是孩子希望自己在生活中能够担当的角色，但也是他们必须要放弃的角色——而且越早放弃越好。我们不应该增加孩子的挫折感,让他们对这种无望的事情抱有希望。父母和保姆的溺爱(亲吻嘴巴,爱抚生殖器)对孩子来说是一种享受,但这种溺爱带给他们的其实是罪恶感,而不是满足感。感官上的溺爱,无论是触觉上的还是语言上的,都会使孩子对父母产生情欲,阻碍性和爱的正常发育。

自慰:自我满足还是自虐?

童年时期的自慰虽然会给孩子带来舒适感,但是也让父母产生矛盾心理。通过自慰,孩子能在孤独时自我关爱,无聊时自我消遣,受挫时自我安慰。但对父母来说,孩子的自慰会让他们产生隐约的担忧,并且带来明显的问题。即使是思想最开明的妈妈,在看见自己五岁的儿子当众握着阴茎走来走去时,也会感到痛苦和尴尬。当然,父母根据所见所闻,甚至自己的亲身经历,认为自慰无害。他们知道自慰不会造成精神异常、不育、阳痿或者带来任何传染病。但越是有把握的事,反而越容易令人焦虑。人们既不会轻易购买明明白白写着"含毒素"的食品,也不会相信一个把自己没犯过的罪行都列出来的人。

理智上，父母承认自慰可能是正常性发育的一个阶段。但情感上，父母又对孩子的自慰感到难以接受。父母不认可自慰，这种做法也许并不完全是错的。

自我满足会使孩子不那么容易受到父母和同伴的影响。通过这种捷径来获得满足感，不用靠任何人，只要靠自己。不需要太多的努力，也不需要他人的帮助，孩子就可以掌控一切，自娱自乐。俗话说："自慰的坏处就在于，没法以这种方式遇到有趣的人"，这句话中包含不少真理。

但长期自慰，孩子就会在遭遇不幸和失败时立即寻求去身体上的安慰，耽于享乐，不思进取。

孩子能否进入文明社会，取决于他们是否愿意推迟或放弃眼前的短暂满足感，以换取来自父母和（日后）社会认可的长久满足感。父母的疼爱和关心，能够满足并且创造孩子对于关怀和接纳的需求。因此，为了换得熟悉的关爱与支持，经历过爱的孩子会更愿意去改变自己的行为。

虽然压制儿童自我放纵可能不是因为这种行为本身有问题，而是因为它无法促使孩子成长、建立人际关系等方面发展。但压制力必须轻微才能产生积极效果。要让婴儿沉浸在我们的爱里，让孩子沉浸在对外界的兴趣和我们的关怀中，如此一来，自我满足就不再会是孩子获得满足感的唯一方式。孩子的满足感应该主要来自人际关系和个人成就。这样的话，偶尔的自我满足就不成问题，而只是一种备用方案。

禁忌游戏：应对孩子的性游戏

婴儿喜欢研究自己的身体，孩子喜欢探索彼此的身体。这种求知欲不会轻易得到满足。身体结构上的差异会使孩子感到困惑，于是他们一遍遍地求证，以确保自己的身体没有什么问题。

然而，即使事实得到了解释，感受得到了理解，孩子还是会继续相互探索、相互刺激。为了进行这种探索游戏，他们可能扮演医生或玩过家家等，并商量好偷窥游戏。在双方都同意的情况下，他们甚至可能会使用生殖器尝试性交。

父母在处理这类尴尬事件时往往无所适从。他们会夸大当前行为的后果，并且担心孩子长大后可能变成色情狂。

即使是思想开明的父母，也很难无动于衷地应对孩子在性方面的好奇心。他们可以忍住不去打孩子，不去羞辱孩子，但是他们不知道该如何对这种行为进行明确的限制。在我们这个时代，这个年纪，有些父母会因为担心对孩子将来的性生活造成危害而产生疑问，不知道到底该不该去干涉这种私密行为。

秘密的性游戏究竟有什么问题？这种游戏会使孩子感到内疚，但不能满足他们的需求。两三岁的女孩好奇地看着小男孩如何排尿，人们认为这是解剖学中的正常现象。幼儿园的孩子共用同一个厕所，可以通过直接观察来满足好奇心。然但当进入一年级后，如果依旧想要偷窥、观察，则不能再单纯以对性别差异的好奇作为解释了。如果长期坚持此类行为，则说明其内心存在焦虑和需求，并需要得到帮助和引导。除此之外，在任何情况下都不能通过观察和触摸来满足孩子的真实需求，就像酒鬼无法通过喝酒来满足自己的需求一样。因此，我们需要以仁慈和公正的态度对偷窥行为进行限制，并且坚决执行这些限制。

当父母发现一个男孩和一个女孩光着下身，穿着上衣时，不应该这样问："你们在做什么？"这可能会让孩子感到尴尬。父母既不应该羞辱或斥责孩子，也不应该自作主张为他们找借口或伪证（例如："你们不觉得在风里光着身子走来走去很冷吗？"）

应该让孩子把衣服穿好，找一些其他的事情玩。等另一个孩子离开后，要和孩子坦诚地聊聊这件事。不要对孩子进行威胁或说教，要用简单的话告诉他："你刚刚在和潘妮互相脱衣服，这是不可以的。你还摸了她的私处，这也是不可以的。小孩子这样做，是因为他们想知道为什么男孩有阴茎而女孩没有。如果你有疑问，问我们，我们会帮你解决问题。但不能脱衣服。"

保持冷静，不予责备，我们就能在不伤害孩子对性和爱的兴趣的情况下，限制他们的性实验。

脏话

没有哪个父母真的希望自己的孩子对同龄人说的脏话一概不知。脏话听起来很有表现力，而且是禁忌词汇，因此会让孩子觉得自己很酷。当孩子在秘密聚会上满口脏话时，这感觉就像是刚刚起草了一段自己的独立宣言。

对于那些下流的词语，必须要向孩子加以描述和解释。父母应该坦诚地表达自己对于这个问题的感受：

爸爸可以说："不要总提女士，乔治。这是男人之间的谈话。"

妈妈可以说："我一点也不喜欢这些词，但是我知道男孩们会说。我不想听。你们私下可以这样，但在家里不要说。"

同样地，我们承认并尊重孩子的愿望和感受，但是要限制并指导他们的行为。

第十章

性别角色与社会职责

身份认同与生理命运

为了完成生理发展，男孩需要认同父亲的角色，女孩则需要认同母亲的角色。身份认同是男孩成为男人、女孩成为女人的关键过程。如果父母与孩子的关系是建立在尊重和爱的基础之上，那么这一过程就能得到推动。我们可以通过赢得孩子的喜爱，来成功让他们萌发模仿我们各自性别角色的想法。然而，许多父母并不完全清楚自己应该扮演什么样的角色。

在许多社会中，妈妈有着比爸爸更加清晰的职责定义。妈妈抚养孩子，就意味着要哺乳、换尿布、拥抱、关爱、陪玩、微笑、聊天和照顾。对母性关怀的需求是由生物学决定的。缺乏母爱会危及婴儿的心理健康和生命。从生物学的角度来说，爸爸的贡献止步于孩子出生以前。爸爸抚养孩子的其他所有活动都是由社会决定的。因此，在有些社会中，爸爸只对儿子感兴趣，女儿甚至得不到承认。在另一些社会中，爸爸则保持着宽容的教师角色，抚养孩子的工作完全由妈妈负责。此外，还有一些社会中，爸爸就像专制的君主一般统治着孩子。

在美国社会中，爸爸是名义上的一家之主，但他们的角色和地位往往是不确定、不明确的。一些权威人士认为，大部分美国爸爸缺乏对家庭的参与；他们早上匆匆出门，白天不见人影，晚上才疲惫地回来。他们周末不是打高尔夫球，就是看电视或修剪草坪。孩子很少有机会与爸爸一起进行有意义的活动和谈话。

因此，妈妈不仅是家庭中的主导人物，还是主要甚至唯一的管教者。这样的地位有损她们自古以来的角色。过去，妈妈代表着关爱和同情，而爸爸则是纪律和道德的化身。孩子，尤其是男孩的良知主要来自于爸爸。正是爸爸的内化形象警告他们抵制诱惑，训斥他们不得越界。因此，爸爸是家庭与外界之间的纽带。

当代家庭中，父母的角色已不再泾渭分明。许多女性在家庭之外的"男性世界"工作，许多男性也开始参与妈妈抚养孩子的活动，比如给宝宝喂食、换尿布和洗澡等。

尽管有些男性乐于抓住机会与宝宝亲密接触，但这么做也有一定的危害——宝宝最后可能就会有两个妈妈，而不是一个爸爸一个妈妈。

爸爸的角色

孩子需要一个认同自身角色的爸爸。阳刚之气不是从正式的课堂上习得的,而是在日常生活中以爸爸为榜样学到的。弗洛伊德说过:"童年时期最需要的就是爸爸的保护。"从婴儿时期开始,孩子就需要意识到有一个可以保护他们免受危险的爸爸。

有三个领域特别需要父亲引导孩子应对危险:外界威胁、内心恐惧和母亲的过度保护。外面的世界对于年幼的孩子来说十分危险。单是为了生存,他们就需要保护自己免受家中现代电子设备和邻里间老派恶霸的伤害。除此之外,他们还必须学会如何在不被汽车撞到的情况下过马路,以及如何在不触电的情况下使用电器。

孩子还需要爸爸来帮助他们处理愤怒的愿望和可怕的幻想。每个小男孩都希望妈妈完全属于自己。因为容不下任何竞争对手,他们会在幻想和梦境中除掉爸爸和兄弟姐妹。这种暴力的幻想会将普通的梦境变成一场场噩梦。由于孩子还没法区分愿望和现实,他们就会变得极度害怕,不知道自己的想法是否会成真。这时,爸爸就需要担当起双重角色：既要对孩子的挫折、愤怒和恐惧感到同情，同时，还要以无声的力量传达出安慰的信息：

"别担心，儿子，我不会让你实现这个可怕的愿望的。"

有些父母并没有意识到要保护孩子免受乱伦和破坏性幻想的伤害。在一些家庭中，父母的卧室可以任由孩子随时出入。在另一些家庭中，爸爸对孩子过于放任，孩子可以当着爸爸的面对妈妈进行辱骂，甚至身体虐待。这种做法不应被容忍。这么做只会给孩子带来焦虑，给父母带来痛苦。

爸爸不仅要保护妈妈免受孩子的虐待，还要保护孩子免受妈妈的过度保护。这里并不是说所有的妈妈都对孩子过度保护，但是，有些妈妈就是喜欢把长大的孩子当成宝宝来疼爱。爸爸的职责是为孩子提供爱，这种爱既是庇护，也是解放。妈妈的爱能告诉宝宝，他们是可爱的，而爸爸的自信能告诉孩子，他们是有能力的。由于爸爸在自身成长过程中受到的约束较少，他们比妈妈更容易同意孩子尝试独立。爸爸愿意见证和认可孩子的新尝试，由此鼓励孩子在成长过程中不要过度内疚。

爸爸给予信任和信心的环境并不重要，这些态度在任何时间、许多地方都可以展现出来。展现态度时，不一定要针对孩子特殊的体育技能或业余爱好，但确实要求父母能够感知孩子的需求,并愿意为孩子充当坚定的向导和友好的监护人。

男孩和女孩的标准

要实现各自不同的生理命运,男孩和女孩都需要一定的帮助。父母能做的,就是不要给男女双方设定相同的行为标准。由于男孩本身精力更加充沛,而且社会也要求他们更加自信,因此可以容忍他们更加吵闹。

父母和老师必须避免在男孩身上培养女性化的行为。男孩不应该起女性的名字,不应该穿紧身衣,也不应该留女孩的卷发。不应该期望男孩像女孩一样整洁顺从,或者有淑女的举止。"男孩终归是男孩",这句格言是有道理的,孩子就该在剧烈的男性化活动中释放能量。

父母必须特别小心,不要因为没有女儿而失望,就把儿子当成女儿养。一个漂亮的卷发男孩在亲戚看来可能很可爱,但在他的玩伴眼里——如果他有玩伴的话——肯定是个娘娘腔。这种丢脸的事会深深伤害孩子的人格,有损孩子的自我形象和他们在群体中的地位。

同样地，女孩也不应该因为父母求子不得，就为此付出代价。尽管女孩做假小子没有男孩做娘娘腔那么丢脸，但是，还是要帮助女孩在女性气质中找到快乐和自豪，这一点是很重要的。女孩要知道，自己受到喜爱和重视，都是因为身为女孩。这种感觉最好是由欣赏自己女性身份的妈妈来表达。不过，父母双方都应该意识到培养孩子的男性特质或女性特质的必要性。爸爸可以赞美女儿的容貌、衣着和女性追求，但不应该让她们参与拳击练习和粗野的游戏，以免让女儿觉得，如果自己是个男孩，爸爸会更爱自己。

家庭生活提供了充足的机会，让父母得以向孩子证明这样一个基本事实：男性和女性有着不同的角色，他们彼此需要，互相依存。

不同的家庭模式

父母尊重自身和彼此的性别角色，就是让孩子产生身份认同感的最佳模范。他们可以用日常行为潜移默化地告诉孩子，男性气质和女性气质是有价值的。

有些家庭传达给孩子的信息是这样的：人的命运是不仅

要在世上留下印记，还要在时间和永恒中留下痕迹。这样的家庭氛围能孕育出探索、发现和在艺术与科学上取得成就的伟大梦想。女性同男性一样，除了养家糊口之外，还应该为社会做出贡献。如果父母双方能够欣然接受各自不同的角色，对彼此的职责表示赞赏，对彼此的成就表示关心，那么孩子就能成功地形成以上观点。

而有些家庭则会传达给孩子不同的信息。如果妻子厌倦了抚养孩子、料理家务，或者丈夫不理解作为妻子和妈妈的难处和才智，孩子就会看不起女性的传统角色。在这样的家庭中，女孩可能会变得争强好胜，她们会觉得有必要在自己的地盘超越男孩，日后再超越男人。

此外，性别角色颠倒的家庭传达给孩子的信息也是不同的。在这些家庭中，一切言行全凭女性做主。女性或许不是家庭财政的主要来源，但她掌握着所有重要事务的最终决定权。一位丈夫如是说："我决定大事，比如要不要向私营企业征税。妻子则决定小事：买什么样的车，住什么样的房子，还有送孩子上哪所大学。"在这样的家庭中，丈夫似乎不愿成为一家之主。他们会公开称妻子为"老板"。当孩子让他们做决定时，得到的回答通常是"问妈妈去"。

在这样的家庭里，孩子在成长过程中就会对男性缺乏尊重和钦佩。男孩和女孩都是从妈妈的视角去看待爸爸的：一个可爱但"乳臭未干"的男孩、一个脾气好的冒失鬼、一个滑稽可笑的男人。

儿子和女儿都会受到软弱爸爸和强势妈妈的影响。男孩可能会矫枉过正，他们会通过酗酒、滥交、犯罪或虐待女性来证明他们的男子气概。女孩则往往会在选择伴侣时，复制原生家庭的模式，从而在下一代中延续这种角色互换。

将子女作为个体来抚养固然重要，但将儿子养成男性、女儿养成女性同样十分必要。

在渴求性别平等的同时，我们必须牢牢记住，有些生理功能是不可改变的，如果强行改变，就会产生社会和心理上的双重后果。虽然社会角色不必狭隘地以性功能为基础，但也不能完全脱离性功能。大多数女性注定要成为妻子和妈妈，所以她们所受到的公共教育、所收到的个人期望，应该都能使她们能够从这些角色中获得极大的满足感。当然，个别女性可能会选择不同的角色：她们可能想成为机械师、水手或宇航员，或经营企业，或竞选国会议员。无论男女，在任何职业或政治职务上，人人都应该有足够的灵活性来实现自我，但当大多数男性和女性不再相互竞争和对抗时，生活会变得更加容易。

第十一章

需要专业帮助的孩子

许多孩子虽然心理上没有大问题,但在面对应激情境或内心冲突时,往往会表现出不安的情绪。具体的症状反应可能包括担惊受怕、做噩梦、咬指甲、故意惹怒兄弟姐妹、身体抽搐和发脾气等。通常情况下,这类孩子来自父慈母爱的完整家庭,他们受尽宠爱,受到过度保护和溺爱或者过于强势的养育方式。这类孩子和父母可以从专业帮助中受益。

还有些孩子患有更为严重的心理问题。他们嫉妒心强,充满敌意,并且过于关注性欲。要使这类孩子将来成长为正常人士、高效能人士,就需要且必须要让他们接受心理帮助。

接下来将对这两类孩子进行简要说明:(1)亟需心理治疗的孩子;(2)能迅速从心理治疗中受益的孩子。

亟需心理治疗的孩子

兄弟姐妹之间存在着敌意的孩子,需要得到帮助。这些孩子的个性被妒忌心理所渗透，并影响了他们的生活。他们追求独一无二的关注，就像是有意要摧毁一切眼中钉、肉中刺。他们对兄弟姐妹进行言语攻击、身体虐待，并且似乎完全无法与他人分享大人的关爱，无论这个大人是父母、老师，还是童子军领队。此外，他们还无法与他人分享"财产"。不管是聚会还是在家中，他们都会毫不犹豫地把大部分冰淇淋、糖果、蛋糕或玩具据为己有。他们宁愿把自己用不着的东西藏起来，也不愿意与他人分享。

这类孩子竞争心极强，有着非赢不可的欲望。明面上比不过，那就暗地里使用卑鄙手段，总之他们必须要赢。竞争变成了他们的生活方式，取胜就是他们的人生目标。如果这种妒忌心理在童年时期没有得到减弱，孩子就会在往后的人生中把其他人也当成兄弟姐妹一般对待。比如，一点鸡毛蒜皮的小事，就能让他们斗得你死我活；输掉比赛或者生意亏损都能让他们感到巨大的打击。他们开车时必须超车，下棋时必须要赢，否则就会经历压力和失败。他们还可能有意对兄弟姐妹感到持续的憎恨，并且终其一生去想方设法地羞辱他们。（见第7章）

正常孩子当然也会对兄弟姐妹心生妒忌，但他们既不会随时随地发作，也不会让妒忌成为自己的一大突出个性。

他们可能会觉得兄弟姐妹得到了更多的爱,也可能会去和兄弟姐妹争夺父母的关爱。但只要得到了爱,他们很容易就会安心。同样地,正常孩子也喜欢竞争和取胜,但他们也可以享受过程中的乐趣。此外,他们还能从容地接受失败。

有些孩子会对性问题表现出过早的、持续性的关注。他们梦里梦的是性,脑子想的是性,嘴里说的还是性。他们习惯于在私人或公共场合自慰,并且试图与其他孩子(包括兄弟姐妹)一起探索性。他们还会通过偷窥去"捕捉"父母的性关系。

这类孩子都暴露在过度的性刺激下。他们可能睡过父母的卧室,与兄弟姐妹同床共枕,或者被不正常的成人猥亵过。无论如何,他们脑中的性来得太多太快了。他们对于性的极大关注,其实是性心理发育障碍的表现。这类孩子需要刻不容缓的治疗。

正常孩子也会对性问题表现出兴趣。他们会嘲笑异性,取笑恋爱关系,或者谈论结婚生子。同时,他们也会欣然意识到自己的感官体验:他们会触摸自己,并且偶尔自慰。不过,性行为只是他们生活的一部分。

极度保守的孩子可能也需要专业帮助。这类孩子在他人面前脱衣时会感到十分恐慌。他们会对自己的身体感到非常难为情。上体育课时，他们会感到不适；体检时，哪怕医生是同性，他们也会羞得无地自容。正常孩子也可能不喜欢脱衣体检或者去健身房。他们会大惊小怪、表示抗议，但他们不会感到恐慌。

满怀敌意的孩子需要专业帮助。必须全面评估、充分理解"敌意"这个词的含义。产生敌意的原因可能多种多样，因此，要具体问题具体分析，以便对症下药。

我们偶尔会遇到这样一些孩子，他们充满破坏性，而且不听劝告，也不知悔改。其中有些孩子甚至能够做出极端残忍的行为，却不会表现出明显的焦虑或者悔悟。他们似乎缺乏同情心，不会对他人的利益有所顾虑。好像没有什么能打动这类孩子。责备、批评都对他们不起作用，他们似乎并不在意他人的看法。他们甚至不会迫于惩罚和痛苦而做出改正。这类孩子需要专业帮助。

有些孩子只是偶尔会做出攻击性行为。这些行为要么发生在家里，要么发生在学校。这就是所谓的反应性敌意：当实际上或者想象中遭受父母虐待时，孩子会打架斗殴、逃课逃学或者做出其他破坏性行为。孩子对父母感到失望，就会因此怀疑所有的成人。他们会害怕成人，怀疑他们的善意，拒绝他们的帮助。与这类孩子建立关系并不是一件简单的事情。如果治疗专家能够赢得他们的信任，并与他们在相互尊重的基础上建立关系，就能让有过上述行为的孩子从治疗中受益。

正常孩子也会偶尔做出破坏性行为，但大多是出于好奇或者是为了消耗精力，只有少数是因为失望和憎恨。正常孩子会在好奇心和怒气的驱使下弄坏自己的玩具，但在对待其他孩子的东西时，他们往往更加小心谨慎。正常孩子不太关注自己的物品，并且在完成游戏后也不一定收拾干净。如果让其他孩子使用他们的玩具或设备，他们也不会过分担忧是否会被损坏。即使打碎了一个玩具，他们也很容易就能找到另一个来继续娱乐，并且觉得没必要整理房间。确切地说，他们在完成游戏后会径直走出房间，甚至不会回头看一眼自己留下的混乱。

有着反复偷窃行为的孩子需要专业帮助。 反复偷窃是一种严重症状，通常代表着对权威的强烈不满。其中有些孩子完全无视甚至蔑视财产权。只要一有机会，他们就会进行大大小小的偷窃行为。他们可能会在家里、学校、营地、超市或邻里间偷窃物品。这类孩子可能需要接受长期的治疗，毕竟这种深刻的敌意是不容易根除的。

只在家里偷东西的孩子则不属于这一类。从妈妈钱包里偷东西可能代表着对爱的渴望，或者是对在现实中或想象中遭受虐待的报复。正常孩子偶尔也会在外轻度偷窃。他们可能会顺走水果和糖果，或者拒不归还"借来的"或"捡到的"财物。

格塞尔[①]的两位同事，弗兰西斯·伊尔克和路易丝·埃姆斯称：

> 五岁时（孩子）更喜欢一分钱而不是一块钱。……六岁时，孩子能够区分某些小饰品之间精美程度的差异。他们会在你眼皮底下拿东西，并在面对指控时矢口否认。七岁时，他们非常酷爱铅笔和橡皮，也因此想得到越来越多身边的东西。到了八岁，厨房抽屉里散落的钱财实在是充满诱惑，因为他们开始知道了钱的用处……以及钱能买到的东西。偷窃行为被发现时，他们会受到惩罚和训诫。他们可能会自责不已，声称自己"不是故意的"，并且信誓旦旦地保证绝不会再犯。但很快又有一天——又一次偷窃行为出现了。

不过，这种偷窃行为是短暂的，不会持续很长时间。随着年龄的增长，孩子会开始认识到并且尊重财产权。

---

① 弗兰西斯·伊尔克与路易丝·埃姆斯：《儿童行为》，第286页。

经历过突发性灾祸的孩子即使没有潜在的性格障碍，也会出现比较严重的症状。面对火灾、车祸或者心爱之人去世，孩子可能会忧心如焚，或者出现一些突发症状。

要及时对这类孩子进行治疗。如果有善解人意的成人陪在身边，孩子就能用玩具进行事件重演，并且亲口讲述可怕的事件和记忆，那么由新近发生的灾祸所引起的焦虑感就会减少。

安娜·弗洛伊德在她的著作《战时儿童》中，描述了幼儿与成人对于伦敦爆炸事件的不同反应。经过一夜的轰炸，成人会感到必须要去讲述和复述他们那段恐怖的经历。而有着同样经历的孩子却很少谈及此事。孩子通过玩耍来表露出紧张和恐惧。他们用砖块建造房屋，再往上面投掷"炸弹"。警报声响起，大火肆虐，救护车将伤者和死者运走。几个星期后，他们才能从震惊和恐惧之中挣脱出来。只有经过这种长时间的、象征性的事件重演，孩子才能够告别恐惧和焦虑，顺利讲出自身的感受和记忆。

心理治疗能够提供合适的环境、合适的材料，以及富有同情心的成人，在孩子最需要的时候给予帮助。治疗专家可以通过游戏和言语使孩子重新体验可怕事件，帮助他们消化并掌控自身的恐慌与焦虑情绪。

当幼儿做出许多怪异行为时，需要进行专业咨询以确定孩子是否存在严重的精神障碍。心理极其不正常的孩子与其他孩子有着明显的区别。前者性格孤僻，与世隔绝，就像是自己家里的陌生人。他们不接近任何人，被人接近时也不会做出任何回应。面对他人示好或者发怒，他们一概无动于衷。他们表面上总是波澜不惊：没有感兴趣的表情，没有高兴的微笑，也没有悲伤的叹息。

与妈妈分别时，反常孩子也会摆出一副冷漠的样子，谁牵着他们，他们就跟谁走。或者，他们会在极度的恐慌之中紧紧抓住妈妈，仿佛分别就是要了他们的命。其他孩子分别时可能会哭，但他们的哭声能在拥抱和安抚的作用下减弱。而反常孩子的哭声，即使是变着法子去干预，也完全不受影响。

反常孩子似乎对周围世界漠不关心。他们可能长期固定在某个地方来回活动。他们主要关注的是自己的身体。他们举止粗鲁，可能会公开自慰、在公共场合小便或者弄脏裤子，但他们一点都不会觉得尴尬。他们会吃鼻涕，或者把唾液涂在自己和他人身上。他们不管什么东西能吃，什么东西不能吃，反正是不分青红皂白地什么都吃。他们会吞沙子，吃黏土，或者用垃圾填满嘴巴。其他孩子也会试着去吃粉笔或泥巴,但不会一直这么做。

反常孩子会连续数小时从事重复性的活动,比如拨弄绳子、开关抽屉、扭动头发、拉扯耳朵,或者将手指伸进墙缝等。他们还会着迷于单调的事物,比如转动轮子、点击开关,或者来回转动门把手。他们更喜欢玩积木和珠子,而且坚持把它们摆成完全相同的图案和序列。他们对于自己房间里玩具的种类、数量和位置有着不同寻常的记忆,当玩具放错地方或被打碎时,他们就会非常生气。东西恢复原状后,他们又会突然收起自己的眼泪和脾气。

反常孩子会对身体疼痛做出奇怪的反应。他们会一声不吭地沉溺于严重的自虐,还会用头撞墙、用手指挤门、坐在滚烫的暖气片上,或者割破自己的手直至流血。他们对疼痛的唯一反应,就是怪异地咧着嘴笑或者空洞地假笑。他们不会理会任何好意。

反常孩子在学会说话后,也依旧对交流毫无兴趣。他们说话时往往牛头不对马嘴。遭到直接提问时,他们就会鹦鹉学舌式地重复问题来回答。或者,他们从来就不会去说话,不管他人如何催促,他们都完全不会在意。

能迅速从心理治疗中受益的孩子

有些孩子好得不真实。他们听话、守规矩、讲卫生。他们担心母亲的身体、关心父亲的生意，还会主动照顾年幼的妹妹。他们生来仿佛就是为了取悦父母，几乎没有精力与同龄孩子玩耍。

在学校与邻里之间，这类孩子可能会保持他们的乖巧行为。他们谦卑温顺，哪怕心里害怕，还是会费时费力去安抚老师。他们还会给老师送苹果，为老师画画，或者自愿清理黑板。开学第一天，他们就会去夸赞老师的为人，并且告诉老师自己有多么爱她。但不能只看到这些赞美和告白的表面价值。这些孩子在陌生人或班级恶霸面前，也会说出同样的话。甜言蜜语可能只是他们暴露自身感受的一种方式——他们害怕自己产生敌对冲动，也害怕因此遭受他人报复。

这种类型的孩子常常处于慢性疲劳状态之中。在乖巧的面具之下，隐藏着许多"不好的"冲动。要努力将敌对冲动转化为天使般的行为，以及要时刻保持警惕以维持假象，消耗了这类孩子的生命能量。难怪他们会疲惫不堪。

心理治疗能够提供有效的环境，帮助孩子改变过度顺从的行为。这种环境鼓励孩子放弃奴颜婢膝的顺从，展现正常的自信。通过观察和体验，孩子会认识到，讨好与自卑都是没必要的。他们会慢慢开始表达自己的冲动，发现自己的愿望，了解自己的感受，并且确立自己的身份。

这一类别包括那些被当成宝宝来照顾和疼爱的孩子，而不是拥有自主想法和需求的成长中的个体。这些受到过度溺爱、过度保护的孩子，根本没法应付家庭港湾之外的现实生活。他们缺乏理解他人需求和感受的能力，并且很少有机会学习这种技能。他们还难以与他人分享个人物品，不愿推迟享乐。这些孩子娇生惯养、所欲即得，在家庭、兄弟姐妹或玩伴面前表现出过度依赖，并且不断地寻求关注、帮助和认可。他们没有自立能力，总是依靠别人来满足自己的需求。这些停留在婴儿时期的孩子只会不断卷入冲突的旋涡。在家里制造紧张氛围，在学校制造混乱，在邻里间引起争吵。

在精心挑选的团队中进行心理治疗，对于不成熟的孩子来说特别有用。这样的团队能够为孩子提供成长所需的动力和支持，并且提供一个安全场所，让他们尝试新型行为模式。孩子可以从团队了解到，自己的哪些行为是社会所不能接受的，而哪些行为又是符合社会预期的。如此一来，孩子就能努力去适应同龄人的标准。其次，孩子能团队中学会各种基本的社交技巧，比如与他人分享物品和关爱，以及共同参加活动等。此外，孩子还能学会竞争与合作、争吵与解决争吵、谈判与妥协等。这些技巧能够帮助孩子在平等的基础上与同龄人打交道。

这类孩子可以用这些词来描述：害羞、胆小、顺从、不善言辞、沉默寡言和温顺等。他们不擅表达喜恶，很少有朋友，并且避免社交，不玩游戏。只要身处人际环境之中，他们就会浑身不自在。他们避免与人碰面，也不主动和人交朋友。他们总是希望对方先摆出友好的姿态，不过即使对方真这么做了，他们也不一定会给出善意的回应。

孤僻的孩子会发觉自己很难与学校的老师或同学建立联系。被要求大声朗读或回答问题时，他们会感到十分窘迫，只能简单地回答"是"或"否"，甚至完全保持沉默。他们许多时候都是静静地坐着，然后呆呆地凝视前方。即使在操场上，他们也是独来独往，漫无目的地四处游荡。玩耍的时候，他们会选择一项安静、安全且不需要与人交往的活动。不得不进行社交时，他们内心的焦虑可能会上升为恐慌。

孤僻的孩子可以通过心理治疗得到帮助。面对和蔼可亲的成人、引人注目的材料和精挑细选的团队成员，孩子很难再继续躲在自己的保护壳里。在这样的环境中，孩子能够更快地摆脱孤独，并且自由自在地与其他孩子玩耍、交谈。

恐惧伴随小孩，就像火腿搭配鸡蛋。 曾有一项研究发现，90%以上的孩子至少有一样令其感到惧怕的具体事物。三岁的孩子最怕狗，四岁的孩子最怕黑。这些恐惧感会随着年龄的增长而减少，直至八岁时几乎完全消失。报告还显示，正常的孩子还会惧怕消防车、警报器、地震、绑架、开快车、蛇和高处。有些孩子表现出轻微忧虑，但只要父母在身边支持他们就不会退缩。其他孩子则感到更加不适：他们希望晚上能开灯睡觉，并且会在消防车经过或者听到入室盗窃事件时神色紧张。

有些感到恐惧的孩子需要专业帮助。这些孩子长期经受着强烈的恐惧感，这一点从他们的反应强度就可以看出来。他们忧心忡忡，自己把自己吓得浑身僵硬、动弹不得，哪怕他们害怕的一切明显只是杞人忧天：天可能会塌下来，闪电可能会击中房子，全家可能会被洪水冲走。他们害怕的对象多种多样，永远没有尽头。

有些孩子患有洁癖强迫症：对他们来说，整个世界都是肮脏的，他们必须小心翼翼，以免受到污染。他们生怕手上或衣服上沾到一丁点灰尘，要是真沾上了灰尘却不能立即清洗，那他们整个人就会苦恼不已。其他孩子则害怕喧闹、高处、生人、流水、暗角、小虫和大型动物。这些孩子会试图通过远离风险场所和活动来逃避焦虑。因此，他们会远离水源，避免爬梯子，或者拒绝待在黑暗的房间里。

在心理治疗过程中，有些孩子可能要参与需要直面恐惧的活动。他们可能要射击带噪音的玩具手枪，用手指画画，用泥巴涂满身体，或者熄灭灯光。在团队的作用下，感到恐惧的孩子将无法逃避问题。这样一来，治疗专家就能在恐惧反应发生时及时处理。专家会帮助孩子重现、说出那些令他们十分惧怕的东西，这样一来，孩子能够减轻并且掌控内心模糊的焦虑感。

有些孩子来自无父家庭，或者只有一个男孩的家庭，这类孩子有时需要专业帮助。由于这种家庭的身份认同模式几乎都是非男性化的，所以家中的男孩不得不去扮演一些女性的角色。他们可能缺乏美国文化中对于男孩所期望的那种特有的侵略性。他们会避开粗野的游戏，或者没法自如地与其他男孩打交道。他们觉得和女孩在一块会更舒服。

这类男孩通常会受到其他孩子的粗暴对待。他们会被起绰号，受到攻击和虐待。社会上的侮辱和情感上的伤害，可能会使这类孩子将来没法成长为合格的成人。

这类男孩需要专业帮助来获取理想的身份认同模式、建立自信，并且唤起性格中的男性成分。

有些孩子会表现出持久的怪癖，令父母烦恼不已。这些怪癖包括眯眼、打喷嚏、龇牙咧嘴、身体抽搐、抠鼻子、揉眼睛、清嗓子、驼背、咬指甲、吮拇指、掰响指关节和跺脚等。他们扭曲的动作和怪异的举止实在太明显了，旁人都不得不注意。长此以往，手指会变丑，皮肤会水肿，咬指甲还会咬到手。但他们还是忍不住用鼻子、喉咙、指关节和脚部发出刺耳的声音。因此，这类孩子需要进行心理咨询以及医药治疗，以确定是否需要医治。

正常孩子也可能表现出各种怪癖和抽搐行为。不过，他们这些表现并不是持久的，且大多只在过度疲劳、困倦、心事重重或者情绪紧张时出现。

据估计，约有10%至15%的孩子四岁后仍会尿床。其中，有些孩子白天也会尿床，大多数孩子则完全小便失禁，还有的孩子曾经不再尿床，但后来又复发了。

通常认为，遗尿症（尿床）是情绪不佳的表现；只有约

5%的遗尿是由器质性原因引起的（为了排除这些原因，遗尿的孩子应交由医生检查）。

遗尿症本身并不能表明情绪不佳的程度。因为轻度不安和重度不安的孩子身上都会出现这种症状。经过短暂的心理治疗后，遗尿症有时会消失，有时则很难治愈。

排除了器质性原因后，医生会将孩子三四岁后出现的持续性的遗粪症视为情绪障碍的症状。遗粪情况在学龄前儿童中十分常见，但在学龄儿童和青少年中也有所发现。孩子年纪越大，问题就越严重。遗粪是对父母权威的一种反叛，尤其是对严格的如厕训练的反叛。因此，羞辱和指责孩子可能只会带来更多的冲突和更强烈的反抗。

遗尿症和遗粪症是非常麻烦的症状，即使病症较轻，家长也应当去寻求专业帮助。任何情况下，改善父母和孩子之间的关系都对解决这些问题大有裨益。

第十二章

需要专业帮助的父母

父母的性格与孩子的行为

家庭情感氛围对孩子的性格有着重要的影响,这是显而易见的。但直到近年来,我们才认识到父母的性格与孩子的行为之间的关系。有些父母行事做事坦率、光明磊落:这种做法既能被孩子观察到,也可以预料到相应的效果。而另一些父母做事隐秘、不动声色:这种做法只能靠孩子自己琢磨,最终产生的影响也只能纯靠猜测。

过度情绪化、过度保护、孩子气、酗酒、性引诱、冷落孩子或过分尽职,这些都属于父母不可取的态度和性格。

过度情绪化的父母

很容易看出来过度情绪化的父母会带出什么样的小孩:他们的声音、形象总是能在人群中"脱颖而出"。这类孩子从小就知道,必须大喊大叫,别人才能听到;必须语速很快,才能不被打断。他们忠实还原了父母风风火火的性格。通常来说,孩子和父母都不会意识到自己过度情绪化、动不动就发火。哪怕他们注意到了，他们也会得意地将其归结为某些种族特征或者刻板影响："我是个红头发，你知道的"，或者"这就是我们爱尔兰人的脾气"。

这些人只有待在自己圈子里时才不招人讨厌。但是当他们与更广泛的社会接触时，就会变得令人讨厌。他们只会争论不休，耗费时间。他们善于说话，却不擅于听别人的意见。他们夸夸其谈，但丝毫没有意识到，这样做会给别人带来不快。

这类父母或许并不存在精神上的障碍，但他们确实需要专业帮助改变个人态度和公开行为以提高社交能力。

过度保护的父母

过度保护本质上是指对孩子身体功能的细枝末节过分关注。从出生开始，这类父母就会无休止地担心孩子的生存问题。对大多数父母来说比较简单的事情，对过度保护的父母来说却成了生死攸关的决定。这样的父母就像那些为了检查引擎而开着车盖行驶的人一样。

他们会一天多次地检查孩子的呼吸，计算孩子的食物摄入量，检查孩子的排便情况，或者担心孩子的睡眠状况。孩子站着时，他们担心孩子摔倒；孩子跑步时，他们又担心孩子受伤；孩子发烧时，他们肯定孩子已接近死亡。

这类父母会在生活上投入巨大努力。他们会坚持为孩子做那些不必要的事。即使是可以由孩子自己完成且愿意去做的事情，他们也绝不让其动手操作。这类父母往往会给孩子穿得过多，喂得过多；如果可能的话，他们还会帮孩子消化食物。

简而言之，如果孩子的生活和工作全权由父母接管，其结果将会是灾难性的。这样带出来的孩子成长的只是年龄而不是心智。换句话说，他们以他人意志为生活准则，无法发展真正的自我。他们永远长不大，永远要依赖父母。他们不知道自己的感受和愿望，也缺乏基本的社交技能。由于父母总是替他们做决定，他们在思考方面也会面临巨大困难。他们对于自己和周围世界也会缺乏洞见。他们看不透事物的因果联系，只满足于神秘的解释。这类孩子一边依赖父母，一边又萌发出朦胧的自我意识，二者相互冲突，就这样耗费了大量的精力。如果想让孩子将来成为自立的人，过度保护的父母就需要专业帮助。

孩子气的父母

有些人当了父母后，就发现自己难以为孩子提供持久、稳定的关系。虽然他们可能会暂时享受养育婴儿的乐趣，把婴儿当成玩具玩耍，但他们无法承担起作为父母的重任。

这类父母本身也缺乏父母的呵护。他们把期望寄托在自己的孩子身上，想从孩子那里得到这种呵护。角色颠倒期间，父母会要求子女服侍他们，为他们提供安全感。孩子迫于压力，就不得不去保护、取悦以及关心父母。不过，孩子根本没有能力去满足这样的要求，所以他们会时时刻刻感到挫败和焦虑。在孩子成长期间，父母剥夺了他们的童年，留给他们的只有内疚和自责。这类父母在成长方面需要帮助。

酗酒的父母

父母酗酒的孩子往往面临着不可理喻、突如其来的怒气。他们会目睹父母阴晴不定的情绪和令人恐惧的行为。

他们知道，在这种时候，父母心里最重要的就是苏格兰威士忌。他们会十分无助，觉得自己遭到了遗弃。

父母醉酒狂欢的场面会在孩子心中留下不可磨灭的印记。孩子眼睁睁看着带给自己安全感的父母形象在面前轰然崩塌。他们看到父母茫然失措、软弱无力、喋喋不休、泪流满面、脾气暴躁的一面，会觉得父母仿佛与自己不在同一个世界。此外，他们还可能被迫去照顾生病或呕吐的父母。

酗酒的父母可能非常爱孩子，但由于自身的问题，他们有时没法照顾孩子。这类父母需要专业帮助来应对他们自身的困难。

性引诱的父母

有些父母不知道他们的行为会让孩子产生错误的性想法和反应。这些父母可能会在不经意间加剧孩子对他们的性冲动。爸爸在女儿面前脱衣服，或者妈妈坚持给学龄儿子洗澡，这些行为都会刺激孩子的性感受和性幻想。有些父母允许大孩子和他们同睡一张床，并沉溺于过度的相互抚摸和拥抱之中。还有些父母认为亲吻孩子的嘴巴或者长时间紧紧拥抱孩子并无不妥。另一些父母则用言语来表达爱意。他们用称呼恋人的方式去称呼孩子，并且期待孩子做出轻浮的行为。还有些妈妈喜欢和儿子一起跳舞。

上述这类行为会对孩子的性发育造成破坏性的影响。爸爸对女儿性引诱，女儿就会有与大龄男人发生性关系的倾向；妈妈对儿子性引诱，儿子就会被情欲的冲动所淹没，在尚未成熟的时候过早地发生性关系。反之，有些孩子可能会被父母的性爱方式吓坏，以至于他们会在成年后完全回避性爱，或者转而从同性身上寻求满足。性诱惑的父母需要心理治疗。

冷落孩子的父母

妈妈憎恨自己的孩子，这是许多父母想都不敢想的事情。这些父母在读到报纸上孩子遭受虐待或遗弃的新闻时，往往会感到十分震惊。由此看来，身体上遗弃孩子的想法似乎是不可思议的。

相比之下，情感上的遗弃则更容易发生。许多父母没有给予孩子成长所必需的关爱。情感上的冷落有着方方面面的原因,包括:幼稚、自恋、能力不足以及抗拒性别角色等。

情感上的冷落还有着多种多样的表现,既可能表现为唠叨和苛求完美,也可能表现为冷漠和疏远,甚至还可能伪装成过度关心、过度庇护。

遭受冷落的孩子会从父母身上得到这样一个病态的信息:"别拿你的事来烦我,快点长大滚开。"这些父母巴不得孩子婴儿时期和童年时期赶快结束,这样的话,他们自己就可以摆脱讨厌的家务和义务。他们匆匆忙忙地给孩子喂食,匆匆忙忙地训练孩子如厕,再把他们不愿担负的责任猛地推给孩子。而被迫过早独立的孩子,往往会被失败和批评的恐惧所支配。为了应对必然的责备和训斥,孩子会一心去搜刮各种理由,以便为自己开解。对这些孩子来说,家庭如法庭,他们必须要为自己辩护,好让自己合理存在。他们一门心思地消除过去的"过错"、逃避未来的危险,却因此不能很好地完成眼前的任务。

时刻关注危险、准备防御,孩子就会背负沉重的负担,变得精神疲惫。要想获得一定的家庭幸福,这类孩子和父母都必须获取专业的帮助。

过分尽职的父母

许多认真尽责的父母在抚养孩子方面需要指导。这些父母可能充满爱心，甘于奉献，但他们太过于以孩子为中心了。他们决心要孩子幸福，哪怕这么做需要付出他们的生命。他们努力帮助孩子避免人生中所有可能出现的挫折，哪怕在这个过程中他们自己会深感挫败和疲惫。

幸福充其量就是一个虚幻的目标。它不是人生旅途的目标，而是抵达目标的一种方式。幸福本身不是最终产品，而是工作、游戏、热爱和生活的副产品。生活中的欲望不一定能立刻得到满足，计划与实现之间也必然存在着间隔。换句话说，就是要忍受生活中的挫折。

疾病无须预谋，挫折也不必计划。孩子受挫时，父母用不着精神崩溃。孩子哭泣时，父母也没必要大费周章来逗他开心。最重要的是，孩子需要父母在处理事务时明智果断，而不需要他们感到内疚或者做出牺牲。

对孩子提出温和的要求和合理的请求，得到的却是眼泪和怒气时，最好的办法是坚持下去并挺过风暴。安抚孩子并不能起到缓和气氛的作用。无论如何，有些风暴的出现总是必然的。我们所能做的就是等待乌云消散，不要临阵退缩。孩子看到我们的定力和同情心，就能从中获得力量和安全感。

离异的父母

离婚就像截肢，对所有参与过的人来说都是一次震撼心灵的经历。对父母来说，离婚代表着梦想的破碎和期望的终止。对孩子来说，离婚可能就像是世界末日。在家庭破裂的痛苦与窘迫之中，父母必须选择对孩子伤害最小的方式。

父母最坏的做法，就是将孩子当作报复对方的武器。感情已经生疏，机会就在眼前，报复的诱惑实在太大。父母中的某一方可能遭受指责和诋毁，这时，孩子在威逼利诱之下，可能不得不站队，不得不参与到有关忠诚、监护权、金钱、教育和探视的激烈争斗之中。这会对孩子造成灾难性的影响。

离异的父母不再做夫妻，但可以继续做父母，这就是最好的做法。要做到这一点并不容易，因为离异双方的内心大多充满敌意和怨恨，表面上却必须装得十分热诚。经过专业帮助，父母能够更客观地处理内心的不满情绪，做出真正为孩子好的事情。正如路易斯·德斯佩特博士在她的《离婚下的孩子》一书中所说："男女或许无法成功结为夫妇，但可以成功走向离婚。通过努力……智慧和指导……他们可以从离婚中获得成熟的经验，却不能从结婚中做到这一点。"

后 记

本书针对育儿问题所提出的各种新方法能够有效减轻父母的负担,但前提是父母在应用这些方法时要有所选择、轻重得当。面对父母提出的要求,不同的孩子会有不同的反应。有些孩子表现得很顺从;他们可以轻易适应生活习惯和人际关系方面的改变。另一些孩子则更加顽固;他们只有在父母的反对和督促下才会同意做出改变。还有一些孩子更为保守:他们积极抵制生活中的任何"新政"。因此,父母在应用这些新方法时,要明智果断,不可忽视孩子性情、性格的基本特征。

在人际关系中,目的取决于手段,结果取决于过程。只有在应用育儿方法的同时做到尊重孩子、理解孩子,才能让孩子的个性和品格得到茁壮成长。希望新方法能够帮助各位父母在争锋相对的亲子关系之中看清真相,更好地察觉孩子的内心感受、回应孩子的需求。